독일의 가을

독일의 가을
1946년, 전후 독일의 현장 취재기

스티그 다게르만

이유진 옮김 | 박노자 해설

미행

Tysk höst

스티그 다게르만의 독일 여정 경로 1946.10.15-12.10

다게르만은 1946년 10월 15일에 기차로 함부르크에 도착한다. 10월 19일, 함부르크에서 베를린으로 이동, 10월 20일 선거일을 포함해 5일 동안 체류했다. 10월 24일에는 베를린에서 기차를 타고 하노버로 이동, 3일을 지낸 후 뒤셀도르프로 갔다. 영국 점령지역이었던 루르 지역에서는 일주일을 지내며 영국 차량과 운전사의 도움을 받아 취재했는데, 에센과 쾰른 방문이 중요했다. 11월 8일에는 프랑크푸르트에 있었고, 그 후 하이델베르크, 슈투트가르트, 뮌헨, 뉘른베르크, 다름슈타트에 갔다가 다시 프랑크푸르트로 돌아갔다. 그곳에서 기차를 타고 하노버와 함부르크에 다시 갔다가 취재를 모두 마치고 12월 10일에 항공편으로 귀국했다.

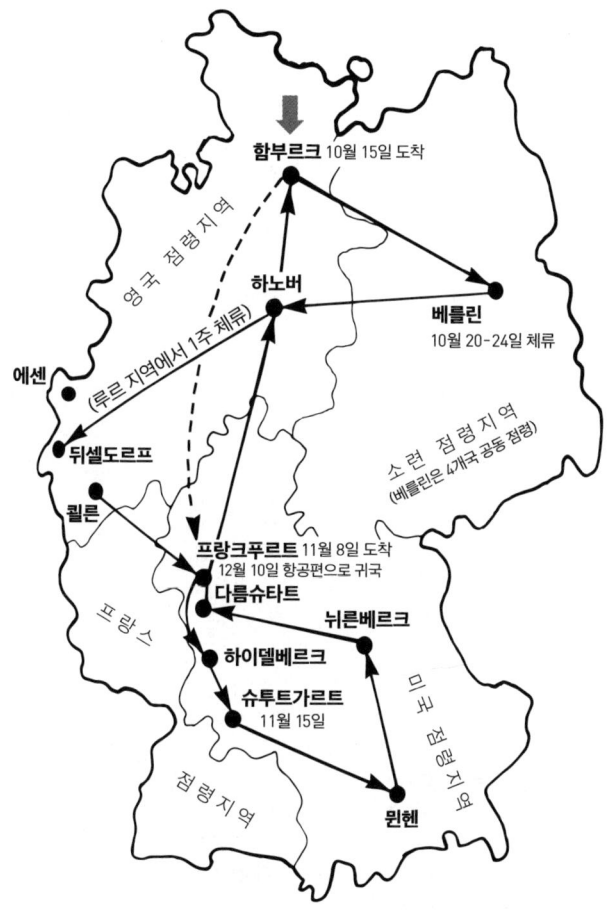

일러두기

- 이 책은 『엑스프레센(Expressen)』에 연재되었던 스티그 다게르만의 기사를 묶은 *Tysk höst*(Stockholm: Norstedts, 1947)를 완역한 것이다.
- 『엑스프레센』에 연재 당시 사진도 함께 수록되었던 형식을 따라 전후 독일의 모습이 담긴 사진을 옮긴이가 선별하여 함께 싣는다.
- 주는 모두 옮긴이의 주이다.

서문

로 다게르만(Lo Dagerman)

1946년 스웨덴 일간지 『엑스프레센(Expressen)』은 패전국 독일의 상황을 보도하기 위해 현지에 기자를 보내기로 결정했다. 그렇다면 누구를 보낼 건가? 최근에 등단한 스물세 살의 작가 스티그 다게르만(Stig Dagerman, 1923-1954)이 낙점되었다. 인간의 조건에 대한 질문을 새로운 시각에서 면밀하게 살피면서, 도발적이기를 원했던 그는 이차세계대전의 참상 이후 환멸을 느끼고 앞으로의 길을 고심하는 유럽인 세대에 관심을 집중했다.

반파시스트로 잘 알려진 다게르만은 유럽 노동운동과 강력한 연계를 맺고 있던 스웨덴 지성의 산실 아나르코 생디칼리슴[1] 정기간행물 『아르베타렌(Arbetaren)』에 글을 써

---

1 노동조합을 중심으로 운영되는 생디칼리슴을 통해 개인의 자유와 사회적 평등이 최대화된 사회를 만들고자 하는 아나키즘 이론.

왔다.『아르베타렌』은 사회주의를 표방했으나 반권위주의적이었고, 독단적이지 않았으며 정신은 자유분방했고 개인의 권리와 개인적 표현을 열렬히 옹호했다.

『엑스프레센』의 선택을 받을 수 있었던 또 다른 이유는 다게르만의 독일어가 완벽했다는 점이다. 그는 1943년 독일 라이프치히 출신의 아네마리 괴체와 결혼했는데 그녀는 부모와 함께 스페인, 프랑스, 노르웨이를 거쳐 스웨덴으로 온 망명자였다. 아버지 페르디난트 괴체는 아나르코 생디칼리슴 진영의 명망 있는 지도자였으며, 괴체 가족은 1930년대 초부터 나치, 파시스트, 스탈린 공산주의 정권의 탄압을 피해 떠돌고 있었다.

다게르만은 아내 가족의 도움으로 평범한 독일 시민들을 만날 수 있는 연락망을 얻게 되었다. 국제 기자 전용 호텔에 몰려든 기자들이 이동이 쉽지 않아 불평하던 것과는 대조적으로 그는 표면상 친척 방문을 목적으로 독일을 광범하게 누볐다.

*

취재 보도에 관해『엑스프레센』으로부터 상당한 재량권을 부여받은 다게르만은 자신이 만난 개개인들을 간략히 글로 그려 독일의 상황을 담기로 마음먹었다. 그들의 이야기를 들려주는 방식을 택한 것이다. 다게르만은 오늘날 전쟁을 취재하는 기자처럼 일했다. 평범한 사람들을 만나 (폭격당한 폐허에 사는 사람들도 있었다) 자신의 눈에 포착된 것을 기록했다. 샤덴프로이데(Schadenfreude), '당신들은 그래도 싸다' 같은 태도는 전혀 없었다. 다게르만은 그저 독일 영년(零年)[2]의 삶이 사람들의 눈에 보이도록 했으며, 자신의 숙고를 적어 내려간 글들을 아내 아네마리에게 바쳤다. 이 글들은 나중에 여행기 『독일의 가을』로 엮이게 된다.

물에 잠긴 도시의 폐허에서 인간의 고통에 직면한 다게르만은 우리가 독일인들에게 공감해야 하는가에 대한, 당시 매우 논쟁적이었던 질문을 제기했다. 그는 런던의 유대계 출판인 빅터 걸랜츠(Victor Gollancz)를 인용했는데, 걸랜츠는 만일 우리가 공감을 꺼린다면 '서양의 가치'를 위험에 빠뜨릴 거라고 주장했다. 다게르만은 '비록 연민을 박탈당했더라도 개인에 대한 존중과 맞닥뜨린 고통이 부당한지 아니면 당연한지 반응하는 능력인 동정으로 이뤄진 가치'가 위태로운 상황에 있음을 상세히 설명했다.

저널리즘의 전통적 경계를 깨고 윤리적 문제를 제기한

---

2   전후 베를린의 비참한 현실을 그린 로베르토 로셀리니의 영화 〈독일 영년〉에서 유래한 표현. 여기에서 영년은 '새로운 체제의 시작'을 뜻한다.

다게르만의 연재 기사 덕분에 스웨덴에서 그의 이름을 모르는 사람이 없었다. 스웨덴의 문호였던 헤르베트 팅스텐(Herbert Tingsten)은 다게르만의 여행기가 지닌 탁월함을 두고 '시인의 강렬함'으로 쓴 글이라고 평했다.

우리 시대의 스웨덴 작가 헨닝 망켈(Henning Mankell)은 2011년 미국에서 재출간된『독일의 가을』에 대해 다음과 같은 평을 남겼다. "이 책은 전쟁의 여파를 다룬 걸작이다. 중국의 거대한 정치적 혁명을 다룬 에드거 스노(Edgar Snow)의『중국의 붉은 별』뿐 아니라 존 리드(John Reed)가 소련에서 쓴 고전『세계를 뒤흔든 열흘』과도 어깨를 나란히 한다."

*

아버지 스티그 다게르만이 남긴 문학적 유산의 관리인으로서, 오늘날 세계 여러 곳에서 그의 작품이 어떻게 번역되고 읽히는지 보고 있는 나는, 특정한 시대정신을 숙고하며 글을 썼던 시대와 밀접했던 한 명의 작가가 어떻게 우리 시대와도 대화할 수 있는지에 대해 흥미를 느낀다.

이 책이 독일에서 어떻게 받아들여져 왔는지가 특히 흥미롭다. 전쟁을 이야기하는 것조차 오랫동안 금기였다. 기억은 묻혔다. 독일의 수치심, 죄책감, 고통은 억눌렸다. 도시에 가했던 연합군의 대규모 소이탄 폭격으로 인한 참상의 기억과 민간인들의 트라우마를 들춰냄으로써 '보복 정책(revanchism)'[3]의 감정이 높아질지도 모른다는 공포가 있었다. 하지만 독일은 나치 정권의 희생자들과 기나긴 화해 과정에 착수했고, 결국 문이 열렸다.

진정한 논의는 2002년 독일 역사학자 외르크 프리드리히(Jörg Friedrich)의 책 『화재(Der Brand)』에서 시작되었다. 이차세계대전의 마지막 삼 개월 동안 정점에 달했던 소이탄 폭격은 오늘날 우리가 대량살상무기라고 부르는 것에 의해 민간인 주거지가 타격을 받은 최초의 공습으로, 어린이 칠만 명을 포함해 약 육십만 명의 사상자를 초래했다. 소이탄 폭격 이후를 담아낸 몇 안 되는 선구적인 현장 취재 보도였던 『독일의 가을』은 독일의 기억 회복과 트라우마를 처리하는 과정의 일부로서 세대를 이어 전해져 왔다.

독일 구골츠 출판사에서 새로운 번역으로 재출간될 독일어판의 번역가 파울 베르프는 다게르만의 보도를 매우 독특하게 만드는 건 그가 독일인들이 모두 나치는 아니라고 인정했다는 점, 그리고 그들의 삶이 지닌 다양한 특징을 그려냈다는 점이라고 밝혔다.

---

3   국가가 초래한 영토 손실을 회복하려는 의지의 정치적 표현.

"다게르만은 소이탄 폭격의 폐허뿐만 아니라, 독일의 정치적 삶의 다양한 모습, 나치의 유산, 굶주림, 예술과 고통의 관계를 그려냈다. 정확하게 다게르만의 관점과 주제의 다면적인 면모로 이 책은 새로운 세대의 독일 독자들에게 믿기 어려울 정도로 흥미진진한 작품이 된다."

*

다게르만은 스물세 살에 이 책을 썼다. 그는 문학 신예로 칭송받으며 오 년 동안 박진감 넘치는 속도로 장편소설 네 편, 단편 소설집 한 권, 시, 장편 희곡 다섯 편, 그리고 이 혁신적인 여행기를 포함한 상당수의 저널리즘 저작을 세상에 내놓는 매우 생산적인 시기를 보냈다.

하지만 그 속도를 지속할 수는 없었다. 다게르만은 자신뿐만 아니라 다른 사람들에 의해 강요되는, 점점 높아지는 기대를 거스르는 글을 썼다. 그리고 이제는 남편이자 아버지로서 가족을 부양하기 위해 글을 써야 했다. 불현듯 쏟아지는 영감에 이끌린 속도감 있고 자유로운 문체는 오히려 부자연스럽고 힘겹게 변했다. 결국 자신을 쇠약하게 하는 슬럼프에 부딪히고는 심한 우울증에 빠지게 되었다. 그는 에세이 「위로를 향한 우리의 욕구는 채울 수 없다(Vårt behov av tröst är omättligt)」에서 개인을 깊이 투영하면서 자신의 투쟁을 기록했다.

"나에게는 하늘의 새나 물속의 물고기처럼 그 안에서 움직일 수 있는 철학이 없다. 내가 가진 모든 것은 결투이며 내 삶의 순간마다 이 결투는 무능력을 높이고 내 절망감을 깊게 할 뿐인 거짓된 위로 그리고 나를 일시적인 해방으로 이끄는 참다운 위로 사이에서 치열하게 싸운다. 아마도 이렇게 말해야 하리라. 엄밀히 말하면, 참다운 위로만 나에게 있을 뿐. 나는 자유로운 인간이며, 모욕을 당할 수 없는 개인이며, 내 한계 안에 존재하는 주권자임을 나에게 알려주는 위로만이."

버틸 수 없었던 그는 서른한 살에 세상을 등졌다.

*

스웨덴 비교문학자이자 작가인 로타 로타스(Lotta Lotass)는 자신의 논문 「전해진 자유(Friheten meddelad)」에서 다음과 같이 썼다.

"스티그 다게르만에게 글쓰기의 핵심어는 자유다. 인간의 자유와 그것을 성취할 수 있는 능력은 그의 비평문과 소설에서 반복되는 주제이다. 다게르만의 시학에서 작가의 과제는 명확하다. 비판적 분석을 하고, 인간 존재의 조건을 세심히 살피며, 따라서 이상적으로, 인간(독자)을 인식하게 하고, 결국은 자유롭게 하는 것이다."

다게르만은 '세상을 감동시키고' 싶어 했지만, 그가 살아 있는 동안 세상은 무감동한 모습이었고 문학적인 인정이나 금전적인 보상만 제공할 뿐이었다. 지금 세상이 진실로 반응한다는 걸 그가 알았더라면 얼마나 좋았을까.

아버지, 이제 이 책이 한국의 독자들에게도 다다라 감동을 주려 하고 있습니다. 당신의 말이 살아 있다는 또 다른 증거겠지요!

번역 이유진

로 다게르만(Lo Dagerman, 1951-). 스티그 다게르만의 딸. 다게르만과 그의 두 번째 아내 스웨덴 영화배우 아니타 비에르크만 사이에서 태어났다. 전후 프랑스를 배경으로 하는 다게르만의 희곡 「마르트의 그림자」의 연구서 『작가와 망명자』를 공저로 펴냈으며, 다게르만에 대한 다큐멘터리 영화 〈남자의 형성〉을 감독했다. 현재 미국에 거주하며 다게르만과 비에르크만의 전기를 쓰고 있다. 전 세계에 다게르만의 문학을 알리는 일에도 힘쓰고 있다.

아네마리[1]에게

---

[1] 다게르만의 첫 번째 아내였던 아네마리 괴체(Annemarie Götze, 1924-2016). 독일 출신 생디칼리스트로, 나치 치하의 독일에서 탈출해 스페인 내전에 참여했다. 파시스트의 탄압을 피해 스웨덴으로 이주한 뒤 1943년 다게르만과 결혼했다.

차례

7 서문 · 로 다게르만

19 독일의 가을
37 폐허
48 폭격당한 묘지
60 가난한 사람의 케이크
71 전락의 기술
84 환영받지 못하는 사람들
96 경쟁 상대
103 잃어버린 세대
116 정의의 과정
130 뮌헨의 어느 추운 날
144 교수형당한 사람들의 숲을 지나며
154 함부르크로 돌아가다
169 문학과 고통

186 수록문 출처
189 작품 해설 '좋은 전쟁'의 명암, 그리고 순응적 대중 사회의 현실 · 박노자
199 옮긴이의 말
209 편집 후기

독일의 가을

 1946년 가을, 다가오던 가을에 대한 처칠의 유명한 연설[1]이 있은 뒤 독일의 가을 잎이 세 번째로 지고 있었다. 비와 추위, 루르(Ruhr)[2]의 심각한 기아 위기, 그리고 나머지 옛 제3제국 지역의 위기 없는 기아로 음울한 가을이었다. 가을 내내 동쪽[3]에서 오는 독일 난민들을 태운 기차가 서방 연합국 점령 지역으로 도착하고 있었다. 악취가 코를 찌르는 캄캄한 조차장 저장고 또는 네모난 가스탱크 같은, 무너진 독일 도시들의 패전을 기념하는 기대한 기념비처럼 솟은 창 없는 고층 대형 저장고에는 남루하고 굶주렸으며 환영받지

---

1 '낙엽이 지기 전에(Before the Autumn Leaves Fall Off)'라는 제목으로 알려진 1943년 6월 30일 연설. 처칠은 추축국에게 낙엽이 지기 전 지중해 등지에서 격전이 벌어질 가능성이 매우 높다고 경고했다.
2 독일 최대의 공업 도시 지역.
3 독일의 세력권이었다가 종전 후 소련의 세력권으로 들어간 동부 유럽 지역 및 독일 동부의 소련 점령 지역.

못한 사람들이 모여들었다. 겉보기에는 하잘것없는 이들은 침묵과 수동적 굴복에도 불구하고 이 독일의 가을에 깊고 비통한 인상을 심어 주었다. 이들은 왔고, 오는 것을 절대 멈추지 않음으로써 그리고 도착한 사람들의 숫자로써 의미가 있게 되었다. 침묵에도 불구하고가 아니라 침묵 때문에 이들은 의미가 있게 되었는데, 표현되는 것은 표현되지 않은 것만큼 위협적으로 보일 수 없기 때문이다. 미움과 환영을 모두 받는 이들의 존재는 굶주림과 목마름 말고는 아무것도 없이 도착했기 때문에 미움받으며, 인간이라면 당연히 갖는 의심과 당연히 품게 되는 불신, 당연히 사로잡히게 되는 절망에 자양분을 주기 때문에 환영받는다.

그런데 이 독일의 가을을 직접 겪은 그 누가 이런 불신은 정당치 못했다거나 이런 절망은 이유가 없었다고 말할 수 있을까? 라인강 하류와 엘베강 하류 주변 지역부터 바람이 심한 뮌헨 주위 고원지대까지 독일 저지대를 휩쓴, 절대 마르지 않는 물줄기 같은 난민은 국내의 정치가 부재한 이 나라에서 가장 중요한 정치 사건이었다고 할 수 있다. 이 사건과 다를 바 없는 또 다른 정치 사건은 사람이 사는 루르 지역 지하실에 육십 센티미터 깊이로 고인 비였다.

[만일 담요가 없는 침대에서 추위에 떨며 잠을 잤다면,

그는 잠에서 깨어나 발목까지 차가운 물에 잠긴 채 벽난로로 걸어가서는 폭격 맞은 나무에서 꺾어온 젖은 가지에 불을 지펴보려 한다. 등 뒤 물에 잠긴 어디선가 아이들이 결핵 기운 섞인 목쉰 소리로 기침을 한다. 그가 목숨 잃을 위험을 감수하고 무너지는 폐허에서 구해온 난로(원래 주인은 이삼 년 전 폐허 수 미터 아래에 묻혀 있었다)에 차츰 불이 지펴지면, 연기가 지하실에 새어 나와서 이미 기침하던 사람들은 기침을 훨씬 더 많이 한다. 난로에는 물(물은 많다)이 든 냄비가 얹혀 있으며 그는 바닥에 고인 물 위로 몸을 굽히고는 지하실 바닥의 보이지 않는 물 밑에 잠겨 있는 감자를 몇 알 건져 올린다. 감자를 구하는 데 성공했을 땐 이미 얼어붙어 있었지만, 그는 발목까지 차가운 물에 서서 감자들을 냄비에 넣고는 시간이 지나 먹어도 될 정도로 익을 때까지 기다린다.

인터뷰하는 외국 기자들에게 지하실에 사는 여러 가족들의 식습관을 이야기하는 의사들은 그들이 냄비에서 끓이고 있는 것은 말로 표현할 수 없다고 말한다. 사실은 그들이 삶을 살아가는 방식 전체를 말로 표현할 수 있는 것처럼 냄비에서 끓고 있는 것도 말로 표현할 수 있다. 그들이 어떻게든 구할 수 있었던 이름 모를 고기 아니면 어디서 찾아냈는지 오직 신만이 아는 더러운 채소는 말로 표현할 수 있으며, 몹시 고약한 맛이지만 그 고약함은 말로 표현할 수 있는데, 맛이 고약하다는 것 그 이상도 이하도 아니다. 같은 방법으로 지하 수영장에 있는 아이들이 겪어야 하는 고통은 말로 표현할 수 없다는 다른 의견에 대응할 수 있다. 만일 누군가가 아이들의 고통을 묘사하고자 한다면, 다음과 같이 아주 탁월하게 해낼 수 있다. 발이 물에 잠긴 채 난로 옆에 선 그는 난로를 내버려두고는, 기침하는 세 아이가 있는 침대로 가서 당장 학교에 가라고 명령한다. 연기와 추위와 굶주림이 있는 지하실에서는 옷을 다 입고 잤던 아이들이 해진 신발까지 물에 잠긴 채 사람들이 자는 지하실 통로를 지나, 사람들이 자는 어두운 계단을 올라가 바깥의 춥고 습한 독일의 가을로 나간다. 학교가 시작되려면 두 시간 남았는데, 교사들은 외국인 방문객들에게 자식을 거리로 내모는 부모들의 비정함을 이야기한다. 그러나 이 경우 비정함이 어떤 뜻일지 이들과 논쟁할 수 있다. 나치의 명언가는 사형집행자의 자비란 빠른 도끼질 아니면 확실한 도끼질에 있다는 말을 남겼다. 이 부모들의 자비는 아이들을 실내의 물에서 실외의 비로, 추운 지하실 습기에서 거리의 잿빛 날씨로 내보내는 데 있다.

물론 아이들은 학교에 가지 않는데, 학교가 닫혀 있기

베를린의 지하실에 사는 난민 가족. 1946.

때문이기도 하고, '학교에 가는 것'은 궁핍의 언어를 말해야 하는 이들에게 궁핍이 대량으로 만들어내는 완곡어법에 지나지 않기 때문이기도 하다. 아이들은 절도 기술 또는 만일 그런 기술이 있다면 죄가 되지 않는 기술을 써서 먹을 만한 것을 훔치거나 찾기 위해 밖으로 나간다. 학교가 실제로 시작될 때까지 세 아이의 '말로 표현할 수 없는' 정처 없는 아침 산책을 묘사한 다음, 세 아이가 학교 책상에 앉아서 하는 일을 담은 일련의 '말로 표현할 수 없는' 이미지를 제시할 수 있을 것이다. 추위를 막으려고 창에 못질해 덧댄 슬레이트가 빛까지 막아 낮 동안 등불을 켜야 하는 모습, 옮겨 써야 하는 글을 겨우 읽을 수 있을 정도로 약한 등불, 학교 운동장의 전망, 즉 삼 미터 정도 되는 (국제적 모델의) 폐허 더미에 운동장 삼면이 둘러싸여 있으면서 이 폐허 더미가 학교 화장실 노릇을 하는 모습을.

동시에 물이 차 있는 집에 사는 이들이 하루를 채우는 '말로 표현할 수 없는' 일이나, 굶주린 세 아이의 어머니에게 슐체 아주머니[4]처럼 꾸미고 연합군 병사에게 초콜릿과 통조림, 담배를 받아오는 일을 하지 않는 이유를 외국 기자들이 물어볼 때 이 어머니를 채우는 '말로 표현할 수 없는' 감

---

4 생계 때문에 연합군 병사를 상대로 성매매하던 독일 여성을 일컫는 은어.

정을 묘사하는 일은 아주 적절할 것이다. 그리고 물에 잠긴 지하실의 정직함과 도덕적 타락은 '말로 표현할 수 없'기 때문에, 젊고 튼튼하며 깨끗한 몸이 도시에 가득할 때 더럽고 낡았으며 빠르게 늙어가는 몸뚱이를 참아줄 정도로 해방군 병사들은 너그러운 사람들이 전혀 아니라고 이 어머니는 대답한다.]

의심할 것 없이 이 가을의 지하실은 가장 중요한 국내 정치 사건이었다. 그런 또 다른 사건을 예로 들면 뒤셀도르프와 함부르크의 폐허 더미에서 푸르러지는 잔디와 덤불과 이끼였다(슈만 씨는 삼 년 내내 은행으로 출근하면서 이웃 동네의 폐허를 지나갔으며 폐허의 푸르름이 발전일지 아니면 쇠퇴일지 매일 아내와 직장 동료들과 언쟁을 벌인다). 공기를 마시러 낮에 올라올 때면 확실히 물고기를 떠올리게 하는, 사 년 동안 지하 벙커에 사는 사람들의 흰 얼굴과 한 달에 몇 번씩 초콜릿, 체스터필드 담배 한 상자, 만년필 또는 비누를 선물받는 일부 젊은 여자들의 놀랍도록 새빨간 얼굴(동쪽에서 오는 난민들이 끊임없이 도착하며 상황이 악화되어 줄어들기는 했어도) 역시 지난 독일의 겨울과 봄과 여름에 그랬던 것처럼 독일의 가을에 흔적을 남겼음이 쉽게 확인되는 두 가지 다른 사실이었다.

열거는 물론 언제나 울적한데, 특히 울적한 일들이 열거될 때 그렇지만, 특별한 경우에는 울적하더라도 그래야만 한다. 만일 자책이 섞인, 연합국을 향한 원한과 무관심 그리고 현재의 단점과 비교하는 일반적 경향의 분위기(이 음울한 가을에 방문객이 반드시 부딪치게 되는)에 대한 논평을 사람들이 무릅쓰고자 한다면, 모든 일련의 구체적 사건과 물리적 상황을 염두에 둘 필요가 있다. 민주주의 승전국들의 선의에 대한 불만과 심지어 불신을 암시하는 발언들이 외부와 단절된 진공 상태 또는 이데올로기적 레퍼토리를 선보이는 연극 무대가 아니라 에센, 함부르크 혹은 프랑크푸르트에 분명히 실재하는 모든 지하실에서 나왔다는 걸 기억해야 한다. 즉 물에 잠긴 지하실에 사는 가족을 담은 이 가을의 광경에는 바닥에 깔아 놓은 널빤지에서 조심스럽게 균형을 잡으며 새로 시작된 독일의 민주주의에 대한 그들의 견해를 인터뷰하고, 그들의 희망과 환상을 묻는, 무엇보다도 히틀러 치하에서 더 살기 좋았는지 묻는 기자도 한 사람 들어간다. 그렇게 얻은 대답으로 방문객은 분노와 메스꺼움과 경멸에 몸을 굽히고는, 악취 나는 공간에서 황급히 뒷걸음질해 나가, 빌려온 영국군 자동차나 미군 지프에 탄다. 삼십 분 뒤 기자 전용 호텔의 술집에서 술이나 맛 좋은 진짜 독일 맥주를 한 잔 놓고 '독일에 살아 있는 나치즘'이라는 주제로 보도 기사를 작성하기 위해.

그와 다른 많은 기자 또는 외국인 방문객들이 세계로 전해 이 세계의 재산으로 만드는 데 기여한, 세 번째 가을을 맞은 독일의 심리 상태에 대한 인식은 물론 그 나름대로는 올바른 것이었다. 기자들과 외국인 방문객들은 지하실의 독일인들에게 히틀러 치하에서 살기 더 좋았는지 물었고 이들은 이렇게 대답했다. "그렇습니다." 물에 빠진 사람에게 부두에 서 있었을 때가 더 괜찮았는지 묻는다면 물에 빠진 사람은 이렇게 대답한다. "그렇습니다." 하루에 빵 두 쪽밖에 먹지 못해 굶주리는 사람에게 다섯 쪽밖에 먹지 못해 굶주렸을 때 살기 더 좋았는지 묻는다면 반드시 똑같은 대답이 돌아온다. 만일 힘겨운 이 가을 동안 독일인의 이데올로기적 지형에 대한 모든 분석이(분석을 특징지은 궁핍과 비참의 강화된 형태가 계속해서 시사적인 한, 당연히 분석의 경계는 현재를 포함하도록 확장되어야 한다) 분석되는 사람들의 환경, 즉 그들의 사는 방식이 아주 뚜렷이 새겨진 이미지를 함께 전달하지 못한다면 분석은 모두 틀리게 된다. 유능하기로 정평이 난 프랑스 기자는 선의로, 그리고 객관성을 위해 독일인의 집을 살펴보거나 냄비 냄새를 맡는 대신 독일 신문을 읽으라고 나에게 부탁했다. 그것은 세계 여론을 대체로 특징지으며, 런던의 유대계 출판인 걸랜츠가 1946년 가을 독일을 여행한 뒤 '위험에 빠진 서양의 가치', 비록 연민을 박탈당했더라도 개인에 대한 존중과 맞닥뜨린 고통이 부당한지 아니면 당연한지 반응하는 능력인 동정으로 이뤄진 가치를 보게 만든 태도가 아닐까.

사람들은 예전이 더 좋았다고 말하는 목소리들을 듣지만, 목소리의 주인들이 놓인 상황에서 떼어내 에테르에서 목소리를 듣는 것 같은 방식으로 듣는다. 이런 상황을 상상할 만큼 충분한 상상력이 없으면서 그렇게 목소리를 듣는 걸 객관성이라 부르며. 사람들은 도덕적 품위를 이유로 그런 상상력을 거부할 텐데, 그런 상상력은 불합리한 동정에 호소하기 때문이다. 사람들은 분석하지만, 굶주림을 함께 분석하지 않고 굶주린 이들의 정치적 태도를 분석하는 것은 사실 협박이다.

물론 독일 안팎에서 독일인이 저지른 과거의 잔학 행위에 대한 견해는 한 가지뿐인데, 잔학 행위에 대해서는 어떤 방식이든 누가 저지르든 한 가지 견해만 있을 수 있기 때문이다. 또 다른 문제는 특히 이 책이 보여주는 독일의 고통이 당연히 실패한 정복 전쟁의 결과라는 이유로 그 고통을 정의로 간주하는 일이 지금 옳은가, 결국 잔인하지는 않은가 하는 점이다. 독일의 고통은 집단적이지만 독일의 잔학 행위는 그럼에도 집단적이지 않았기 때문에 법적 관점에서 보더라도 고통을 정의로 간주하는 방식은 잘못되었다. 그뿐만 아니라 굶주림과 추위는 고문이나 폭행과 마찬가지로 사법 정의의 형벌에 포함되지 않으며, 피의자를 비인간적인 존재로 보는, 즉 심판받는 사람의 인간적 가치를 높이는 (지상의 정의가 암묵적으로 삼는 목표여야 한다) 대신 떨어뜨리는 도덕적 심판은 스스로 존재할 권리의 근거를 없애버렸다.

만일 독일인들에게 춥고 비 내리는 폐허의 지옥 같은 이 가을을 가져다준 원칙과 완전히 상반되는 원칙을 심판자들이 고수했다면, 유죄와 응보의 원칙 자체는 최소한 표면적으로 정당성을 갖출 수 있었다. 하지만 실제로는 그렇지 않은데, 사실상 독일인들을 향한 집단적 비난은 부조리함 속의 복종, 심지어 불복종이 유일하게 인간적으로 당연한 반응이었던 경우에서의 복종과 관련이 있다. 하지만 모든 걸 고려해볼 때 이와 같은 복종이 전 세계 국가에서 개인이 권위와 이루는 관계를 특징짓지 않는가. 아주 온화하게 강압을 행사하는 국가에서도 국가에 대한 시민의 복종 의무가 이웃에 대한 사랑이나 존중의 의무와 충돌하는 일(어느 가족의 살림살이를 거리에 내던지는 퇴거 집행관, 부하를 그와 상관없는 전투에서 죽게 하는 장교)을 피할 수 없다. 결국 복종이 강요되는 것에 대한 원칙적인 인정은 본질적인 것이다. 이 점을 인정한다면 복종을 요구하는 국가에서는 복종을 강요하는 수단이 국가가 원하는 대로 쓸 수 있게 가장 혐오스러운 것에서도 존재한다는 점이 바로 명확해진다. 국가에 대한 복종은 절대적이다.

따라서 루르의 물에 잠긴 지하실에서 뒷걸음질해 나간 기자가 의식적인 도덕 원칙에 따라 반응하는 한, 그는 부도덕한 사람, 위선자이다. 자신을 리얼리스트로 여기지만, 그보다 못한 리얼리스트는 없다. 그는 직접 히틀러 치하에서 살기 더 좋았다는 굶주린 가족의 고백을 들었다. 그리고 아마도 이곳보다 더 나은 지하실이나 집에 딸린 방에서 지내는 다른 많은 가족의 똑같은 고백을 듣곤 독일인들이 여전히 나치에 감염되어 있다는 결론을 내린다. 그가 독일인들을 굶주리고 추위에 떠는 수많은 개인이 아니라, 나치의 냉기를 뿜어내며 견고하게 한데 뭉친 덩어리로 본다는 점에서 기자의 리얼리즘은 결여되어 있다. 특히 그는 자신의 복잡미묘한 질문에 대한 답변에 격분하는데, 지하실의 습기와 폐결핵, 그리고 식량과 옷, 난방의 부족에서 정치적 교훈을 얻는 것이 독일 지하생활자들의 의무라고 생각하기 때문이다. 교훈의 핵심은 히틀러의 정치로 인해 그리고 그들이 그

정치의 실행에 참여함으로써 파멸로, 즉 물이 넘치는 지하실로 전락했다는 점이어야 한다. 아무리 이 점이 진실이더라도, 문제 제기 자체가 결여된 리얼리즘과 결여된 심리적 통찰을 나타낸다.

사람들은 바로 이 독일의 가을에 고통받는 이들에게 불행에서 교훈을 배우라고 요구했다. 사람들은 굶주림이 몹시 형편없는 교육자라는 점을 생각하지 않았다. 진짜 굶주리는 사람은 의지할 데가 전혀 없다면 굶주림 때문에 자신을 질책하는 대신 자신이 도움을 받으리라 기대했던 사람들을 질책한다. 굶주림은 또한 인과 관계를 찾아보라고 부추기지 않으며, 굶주림의 끝이 보이지 않는 사람은 가장 밀접한 관계 말고는 다른 건 찾아낼 힘이 없는데, 이 경우 이전보다 더 열악하다는 이유로 과거 식량 공급을 책임졌던 정권을 무너뜨린 사람들을 비난한다는 뜻이다.

물론 이는 특별히 도덕적으로 고찰되지는 않지만, 굶주림은 도덕과 아무런 관련이 없다. "먹는 게 먼저, 도덕은 그다음…." 「서푼짜리 오페라」는 가을에 독일 여러 지역에서 공연되었는데, 열광적인 호응을 받았지만 전과는 다른 열광이었다. 격렬한 사회 비판, 지독하리만치 날카롭게 쓴, 사회적 책임에 띄우는 공개서한은 사회적 무책임을 찬양하는 사랑 노래로 바뀌었다.

그만큼 서투른 교육자는 전쟁이다. 독일 지하생활자에게서 전쟁의 교훈을 찾으려 했지만 전쟁을 일으켰던 정권을 증오하고 멸시하라고 전쟁이 그에게 가르쳐주었다는 사실은 유감스럽게도 알 수 없었는데, 대개 끊임없는 죽음의 위험은 두려워하기와 죽기 두 가지만 가르치기 때문이다.

1946년 가을 이 방문객이 발견한 독일인들의 상황은 요컨대 독일인들의 이데올로기적 태도에서 결론을 도출하기란 도덕적으로 불가능해 보인다는 것이다. 굶주림은 무책임의 한 형태로, 신체적 상태일 뿐만 아니라 길게 생각할 여지를 주지 않다시피 하는 심리적 상태이기도 하다. 정말 몹시 불쾌했지만 현재 상황에서 절대적으로 확실한 예측의 권리를 주지 않은 일이 당연히 많이 들릴 수밖에 없었다. 개인적으로 나는 함부르크의 어느 은행장이 한 발언보다 더 불쾌한 말은 듣지 못했다. 독일 점령 세력이 노르웨이에 산악 도로를 많이 만들었으니 노르웨이 사람들은 아무튼 독일의 점령을 고마워해야 한다고 그는 생각했다!

무관심과 냉소주의("… 도덕은 그다음")는 뉘른베르크에서 있었던 전범 사형과 전후 최초 자유 선거라는 가장 중요한 두 정치적 사건에 대한 반응을 특징짓는 두 가지 양상이었다. 사형 집행을 알리는 광고 게시판 앞에 함부르크 시민들은 잿빛 군중을 이뤄 서 있었다. 모두 말 한마디 없었다. 사람들은 게시판을 읽고는 가던 길을 계속 갈 뿐이었다. 사람들은 전혀 진지해 보이지 않았고, 무관심해 보일 뿐이었다. 부퍼탈[5]의 한 여자고등학교의 학생들은 10월 15일[6]에 상복을 입고 등교했으며, 하노버의 어느 다리에는 누군가가 영원히 지워지지 않을 큼직한 흰색 글자로 '망할 놈의 뉘른베르크'라고 써놓았으며, 지하철역에 게시된, 폭격을 그린 포스터 앞에서 한 남자가 내 팔을 잡고 쉿 소리를 낸 것도 사실이었다. "저 짓을 저지른 자들은 재판을 받지 않겠군요." 하지만 이는 침묵의 무관심을 더 강조한 예외일 뿐이었다. 죽은 듯 조용한 베를린에서, 자유 선거의 생일인 10월 20일은 다른 모든 죽은 일요일과 같은 모습이었다. 죽은 듯 조용한 유권자들에게 열정이나 기쁨의 기미는 전혀 없었다.

가을 내내 독일의 여러 지역에서 선거가 있었다. 놀라울 정도로 활발히 참여했을 테지만, 정치 활동은 투표 절차에 국한되었다. 선거 결과가 최대한 신중히 도출되어야 하는 상황이기도 했다. 사회민주주의의 승리와 공산주의의 패

---

5 독일 서부 노르트라인베스트팔렌 주의 공업 도시. 이차세계대전 중 연합군 폭격에 피해가 컸으며, 전후에는 영국 점령 지역이었다.
6 나치 전범 헤르만 괴링의 사망일. 그는 뉘른베르크 국제군사재판에서 교수형을 선고받았으나, 집행 전날 음독자살했다.

뉘른베르크 국제군사재판. 1946.

배, 이 둘은 분명한 사실이지만 정상적으로 작동하는 사회에서처럼 분명하지는 못했다. 사회민주당은 선거 선전에서 외교 정책 문제, 즉 러시아를 대대적으로 다뤘으며, 공산당은 국내 문제, 즉 빵을 대대적으로 다뤘다. 지하실의 상황이 그랬기 때문에 선거 결과가 독일인들의 민주주의적 본능을 나타냈다는 말은 틀렸지만 두려움은 분명히 굶주림보다 강하다는 말은 옳았다.

독일의 지하실에서 쏟아져 나오는 적의에 찬 조롱에 이끌려 독일인들 사이에서 나치즘이 어떻게 자리 잡고 있는지에 대해 일반적인 결론을 내는 일이 틀렸듯, 1946년 독일의 가을에 기록된 투표수와 관련해서 민주주의라는 단어를 언급하는 것도 그만큼 큰 실수다. 만일 굶주림의 경계에 살고 있다면 민주주의를 위해서가 아니라 이런 경계에서 되도록 멀어지려고 싸우는 게 우선이다. 사실 문제는 자유 선거가 너무 이른 시점에서 치뤄지지는 않았는가다. 외교 정책 차원에서 아주 많은, 중요하고 부정적인 요소들이 선거를 방해한 탓에, 어쨌든 민주주의 훈련의 장으로서 선거는 아주 무의미해졌다. 독일 정치인이 이동하는 데 제한이 생기면서 회의론자들은 불신을 품었고, 연합국이 자신들에게 쏟아지던 물자 공급 정책에 대한 독일인들의 불만을 독일 행정기관으로 돌리려는 의도로 내놓은 전술적 술책이라 생각하게 되었다. 자유 선거는 그저 피뢰침에 지나지 않는 것이었다. 민주주의를 위한 전제의 이름은 자유 선거가 아니라 식량 공급이 개선되는 상황, 희망이 있는 삶이었다. 삶을 더 절망적으로 만든 모든 요인, 즉 배급 감소 그리고 그와 대비되는 연합군 병사들의 복지, 압수 물자가 가을비에 녹슬어 망가진 부주의한 산업시설 해체, 연합군 가족 하나가 살 자리를 마련하려고 독일인 가족 다섯이 집을 잃고 노숙하게 만드는 방식 그리고 무엇보다도 군사 정권으로 군국주의를 근절하는 방식, 연합군 군복이 흘러넘치는 나라에서 독일군 군복에 대한 경멸을 장려하는 방식, 이 모든 방식은 역시 민주주의의 토양을 더 비옥하게 하는 대신 더 척박하도록 작용했는데, 토양을 더 비옥하게 하는 게 자명한 관심사여야 했다.

요컨대 가을 지하실에서 뒷걸음쳐 물러난 기자는 아무리 이런 고통이 당연했더라도 고통 앞에서 더욱더 겸손했어야 했는데, 당연한 고통은 부당한 고통만큼이나 짊어지기 무겁기 때문이다. 배와 가슴과 발에서 고통은 그만큼 크게 느껴지는데, 가장 구체적인 이 세 고통은 비 내리는 독일의 전후 가을에 부는, 몹시 추운 비통함의 바람 속에서 잊혀서는 안 된다.

폐허

받을 수 있는 위로가 모두 소진되면 다른 새로운 위로를 생각해내야 한다, 설령 그것이 부조리한 것으로 밝혀질지라도. 독일 시민들이 자기네 도시가 독일 전역에서 가장 크게 불탔고, 부서졌고, 무너졌다는 확인을 해달라고 이방인에게 부탁하는 경우가 자주 있다. 비탄에서 위로를 찾는 것이 중요한 게 아니라, 비탄 자체가 위로가 되었다. 다른 곳이 더 심각하다고 말하면 시민들은 낙담한다. 그리고 아마도 그런 말을 할 권리가 우리에겐 없을 텐데, 독일의 도시에서 살아가야 하는 사람들에게 도시는 어디든지 모두 최악이기 때문이다.

베를린에는 절단된 교회 첨탑 그리고 끝없이 이어진 채 산산조각이 난 관청 건물들이 있는데, 참수당한 듯 잘려나간 건물들의 프로이센식 열주(列柱)가 고대 그리스와 로마 시대풍 옆면을 드러낸 채 인도에 쓰러져 있다. 하노버의 철도역 앞에는 에른스트 아우구스트 왕[1]이 독일에서 유일하게 살찐 말을 타고 있는데, 한때 사십오만 명의 거처가 있었던 도시에서 사실상 유일하게 흠집 하나 없이 전쟁의 피해를 모면한 존재다. 에센은 헐벗은 채 추워하는 철 구조물과 찢긴 듯 부서진 공장 외벽으로 된 악몽이다.

쾰른의 라인강 다리 세 곳은 이 년 전부터 강물에 가라앉아 있으며, 쾰른 대성당은 해 질 녘이면 옆면에서 피가 흐르는 것처럼 보이는 새빨간 벽돌의 상처를 입은 채, 폐허 더미 한가운데에서 검게 그을린 모습으로 홀로 음울하게 서 있다. 크기가 작고 위협적이며 검은빛을 띤 중세시대 탑들은 뉘른베르크의 해자(垓字)에 무너져 내렸고, 라인란트의 소도시에서는 폭격받은 목골조 주택들이 갈빗대를 비죽 드러내고 있다. 그런데도 돈을 받고 폐허를 보여주는 도시가 있다. 아름다운 고성(古城)의 폐허가 폐허의 시대에서 사악한 패러디처럼 보이는, 폭격의 피해를 면한 하이델베르크다.

그 외에는 어딜 가도 최악이다, 아마도 그럴 것이다. 하지만 만일 폐허 전문가가 되려는 사람이 있다면, 만일 완전

---

[1] 하노버 왕국의 군주 에른스트 아우구스트 1세. 1861년 하노버 중앙역에 그를 기념하는 동상이 세워졌다.

이차세계대전 말기의 쾰른 전경. 1945.

히 파괴된 도시가 폐허에 관해 제공할 수 있는 모든 게 담긴 견본을 원하는 사람이 있다면, 만일 폐허의 도시가 아니라 사막보다 더 황폐하고, 산보다 더 험하며 악몽만큼이나 환상적인 폐허의 풍경을 보고 싶은 사람이 있다면 아마 단 한 곳의 독일 도시만으로 충분할 것이다. 그곳은 바로 함부르크다.

함부르크에는 한때 곧고 넓었던 거리, 화단이 있는 광장, 앞에 잔디밭이 딸린 오층 건물, 차고, 술집, 교회, 공중화장실이 있는 시의 한 구역이었던 지역이 있다. 그곳은 교외 철도 노선 역에서 시작해 그다음 역 조금 지나서까지 이어진다.

기차로 십오 분을 가는 동안, 부서진 박공들이 버려져 있는 거대한 쓰레기장, 쓸쓸히 서 있는 건물 벽과 그 벽에서 눈을 크게 뜨고 기차를 뚫어지게 내려다보는 텅 빈 창구멍들, 승전비처럼 드높고 당당히 조각되거나 중간 크기 묘비처럼 작고, 화재 연기의 넓고 검은 흔적들이 상처로 새겨진 식별 불가능한 건물 잔해들이 전망을 만들며 끊임없이 펼쳐진다.

자갈 더미에는 녹슨 대들보들이 오래전 가라앉은 뱃머리처럼 튀어나와 있다. 쓰러진 공동 주택에서 예술적 운명이 잘라낸, 둘레가 일 미터쯤 되는 가는 기둥들은 부서진 욕

조들이 쌓인 흰색 더미 아니면 돌멩이와 잘게 부서진 벽돌과 불타 녹아버린 라디에이터가 쌓인 회색 더미에 솟아 있다. 세심하게 가공된 건물 정면은, 정면이 장식해야 할 건물을 잃고는 전혀 공연되지 못한 연극의 무대 장면처럼 그곳에 서 있다.

기하학의 모든 형태가 삼 년 된 게르니카[2]와 코번트리[3]의 변형에 재현되어 있다. 학교 벽의 규칙적인 정사각형, 1943년 봄에도 하셀브로크 역과 란트베어 역 사이에 솟아 있었던 거대한 공동 주택 외벽의 작거나 큰 삼각형, 마름모형과 타원형이다.

기차가 정상 속도로 이 드넓은 황무지를 지나는 약 십오 분 동안 나와 과묵한 안내인은 창문 너머 한때 함부르크에서 인구 밀도가 가장 높았던 지역에서 단 한 사람도 찾아내지 못한다. 우리가 탄 기차는 독일 기차가 다 그렇듯 사람들로 가득했지만, 우리 둘 말고는 유럽에서 아마 가장 섬뜩한 폐허를 힐끗 보려고 창밖을 보는 사람은 없었다. 그런데

---

2 스페인 내전 중이던 1937년, 프랑코 반군을 지원하던 독일 공군의 폭격으로 도시 인구의 1/3에 달하는 사상자가 발생한 스페인 북부 바스크 주의 도시.
3 1940-1942년 독일 공군의 폭격으로 크게 피해를 입었던 영국 웨스트미들랜즈 주의 도시.

도 나는 쳐다볼 때마다 '여기 사람이 아니다'라고 말하는 눈빛과 마주친다.

폐허를 향한 관심으로 이방인은 바로 정체가 드러난다. 면역되는 데 시간이 걸리긴 하지만 면역은 된다. 내 안내인은 오래전에 면역되었지만, 달의 표면처럼 황량한 하셀브로크와 란트베어 사이의 풍경에 순전히 개인적인 관심이 있는 사람이다. 그녀는 육 년 동안 그곳에 살았지만, 폭격이 함부르크를 폭풍처럼 휩쓸었던 1943년 4월의 어느 밤 이후로는 그 풍경을 다시 보지 못했다.

우리는 란트베어에서 내린다. 우리만 기차에서 내릴 거라고 넘겨짚었지만 그렇지 않다. 관광객 외에도 이곳에 올 이유를 가진 사람들은 있으며, 기차에서는 보이지 않아도 이곳에 사는 사람들이 있다. 그렇다, 거리에서도 사람들은 전혀 보이지 않는다. 예전에 거리였던 공간의 인도였던 공간을 잠시 걸으며 집이었던 공간을 찾아보지만 전혀 찾을 수 없다. 자갈 더미에 등을 대고 누워 있는, 면밀하게 살펴보면 불에 타서 부서진 자동차로 밝혀진 물체의 뒤틀린 잔해에 움찔한다. 몸을 뒤틀며 층층이 내려가는 뱀처럼 대들보가 쓰러져 있는 부서진 집의 벌어진 구멍을 통해 안을 들여다본다. 폐허에서 구불거리며 나오는 수도관에 발부리를 챈다. 동시에 여러 층위에서 펼쳐지는 삶을 관객들이 볼 수 있는, 인기 있는 한 편의 연극처럼 외벽이 뜯긴 집들 앞에서 우리는 걸음을 멈춘다.

하지만 우리는 이곳에서 심지어 인간다운 삶의 흔적을 헛되이 찾고 있기까지 하다. 라디에이터만이 겁에 질린 큰 동물처럼 아직 벽에 붙어 있고, 그 외 불에 탈 수 있었던 것은 모조리 사라졌다. 오늘은 바람이 불지 않지만 바람이 불면 라디에이터가 바람에 덜거덕거리며 죽은 듯 조용했던 예전의 시 구역이 온통 이상한 망치 소리로 채워진다. 그때 라디에이터 하나가 난데없이 벽에서 떨어지더니 폐허의 내부 저 아래에서 석탄을 찾아다니는 사람의 목숨을 앗아간다.

석탄을 찾는 일, 이는 사람들이 란트베어에서 내리는 이유 중 하나다. 잃어버린 실레시아[4]를 생각하며, 자르[5]를 잃을지도 모른다는 전망에 직면한 채. 그리고 지역 상황이 분명히 논쟁의 대상이 되고 있는 루르에 대해 비아냥거리는 독일인들은 이 폐허를 독일의 유일한 석탄광이라고 이야기한다.

---

4 폴란드 서남부와 체코 동북부에 걸친 지역의 역사적 명칭. 다민족 지역이었으며, 자원이 풍부해 지역 확보를 놓고 분쟁이 잦았다. 현재 실레시아의 대부분은 폴란드 영토에 속한다.
5 일차세계대전 당시 연합군이 라인란트를 점령한 뒤 독일 제국에서 분리한 일부 지역. 공업 지역으로 유명하다.

하지만 사라지고 없는 집을 찾고 있는 나와 동행한 안내인은 그리 비아냥거리는 사람이 아니다. 그녀는 가능한 한 자신이 눈에 띄지 않게 함으로써 테러와 전쟁을 피할 수 있었던, 핏줄의 절반은 유대계인 독일 여자다. 스페인에 있다가 프랑코의 내전 승리로 체류가 불가능해지면서 독일로 돌아왔다. 영국 공군의 폭격에 집이 부서지기 전까지는 란트베어 근처에서 살았다. 함부르크 폭격으로 전 재산을 잃었지만 게르니카 폭격에서는 믿음과 희망을 잃어버린, 참으로 비통한 여자다.

완파된 구역을 다른 구역과 구별해주는 표식이 없어 방향을 잡을 가망이 없는, 이 끝없고 조잡한 묘지를 우리는 돌아다닌다. 남아 있는 벽에는 거리 표지판이 걸려 있는데, 조롱하는 것 같은 모습이며, 어떤 건물은 의미 없는 숫자 하나로 장식된 출입구 말고는 건물 전체에 남아 있는 게 전혀 없다. 잔해 아래 묻힌 과일 가게나 정육점의 간판들이 묘비명처럼 자갈 더미에서 튀어나와 있는데, 갑자기 옆 건물 지하실에서 빛이 반짝인다.

운 좋게도 지하실이 멀쩡한 동네로 들어왔다. 건물은 무너졌지만, 지하실 천장이 남아서 폭격을 당한 수백 가족의 머리 위 지붕이 되어 준다. 시멘트가 그대로 드러난 벽, 벽난로 하나, 침대 하나, 탁자 하나, 거기에 끽해야 의자 하나가 더해진 작은 방들을 작은 창을 통해 들여다본다. 아이들은 바닥에 앉아 돌멩이를 가지고 놀고, 난로에는 냄비가 올려져 있다. 위쪽 폐허에는, 뒤틀린 수도관과 무너진 철제 대들보 사이에 빨랫줄이 팽팽히 쳐져 있고 아이 옷가지가 하얗게 펄럭인다. 부서져 금이 간 벽에서 난로 연기가 새어 나온다. 빈 아기차들이 지하실 창밖에서 기다리고 있다.

치과와 작은 식료품점 몇 군데 역시 폐허의 바닥에 세워졌다. 흙이 쥐꼬리만큼이라도 남아 있는 곳이라면 사람들은 어디서든 적양배추를 가꾼다.

"하여간 독일인들은 유능한 사람들이에요." 안내인이 말하고는 입을 다문다.

하여간. 그녀의 말은 마치 그 점을 유감스러워하는 것처럼 들린다.

거리 저 멀리 아래에는 엔진이 부르릉거리는 영국군 트럭이 서 있다. 영국군 병사 몇 명이 밖으로 나가 어린아이들 앞에서 종알거리며 무릎을 굽힌다.

"하여간 영국인들은 아이들에게 친절해요." 그때 그녀가 말한다.

그 말은 그 점 역시 유감스러워하는 것처럼 들린다.

하지만 집을 잃은 일에 대해 그녀에게 유감을 표하려 했을 때, 그녀는 다음과 같이 말하는 몇 안 되는 사람이다.

"코번트리에서 시작됐지요."

진심치고는 너무 판에 박힌 것처럼 들리는 대사지만, 그녀의 경우에는 진심이다. 그녀는 전쟁에서 있었던 일이라면 모르는 게 없는데도, 아니면 아마 그렇기에 아주 비극적이다.

즉 독일에는 나치 동조자들보다 더 크게 실망하고 기댈 곳이 더 없으며 더 크게 패배한 올곧은 반파시스트들이 많다. 그들은 해방이 상상했던 것만큼 철저하지 못해서 실망하고, 그 불만을 구성하는 요소 안에 아주 많이 은폐된 나치즘이 자신들에게 발견된다고 생각하는 독일의 사회 불만이나 그들이 실망하며 지켜보는, 과거의 나치들에게 관용을 베푸는 연합국 정책과도 연대를 원하지 않기에 기댈 곳이 없으며, 마지막으로 반나치주의자라는 입장에서 독일의 패전에 아무런 몫이 없다는 걸 납득하지 못하는 동시에 독일인이라는 입장에서는 연합국의 최종 승리에서 어떤 지분이든 있을 수 있다는 걸 의심했기 때문에 패배한 것이다. 이 올곧은 반파시스트들은 완전한 비활동을 스스로에게 선고했는데, 그들에게 전후 활동은 십이 년의 억압에서 증오하라고 배웠던 의심스러운 요소와 협력하라는 뜻이기 때문이다.

그들은 독일에서 가장 아름다운 폐허지만, 습한 가을의

해 질 녘에 꺼진 불의 매캐하고 아린 냄새가 나는 하셀브로크와 란트베어 사이에 무너져 한데 뒤엉킨 집처럼 당장은 사람이 살 수 없는 폐허다.

폭격당한 묘지

한 남자가 함부르크의 어느 다리에서 감자 껍질을 벗길 때 칼에 끼우는 실용적인 소형 장치를 팔고 있다. 그가 새로운 발명품을 써서 감자 껍질을 얼마든지 얇게 벗길 수 있는지 보여줄 때, 폐허에서 나온 자갈 더미를 가득 실은 무거운 검은 바지선들이 흔들거리며 수로를 올라가는 광경을 다리 난간에서 보던 우리 모두 그 자리에서 벗어나 그를 둘러쌀 정도로 뛰어난 연극을 공연한다. 분명히 함부르크에서도 굶주림에 대한 농담으로 배가 채워지지는 않지만, 굶주림에 웃을 수 있다는 것은 궁핍에 처한 독일이 웬만해서는 망설이지 않고 써먹는 유쾌한 형태의 망각을 선사한다.

다리의 상인은 하나뿐인 조그마한 시연용 감자를 가을 태양을 향해 높이 들고는 이렇게 말한다. "배급 식량처럼 감자 껍질을 큼직하게 벗기는 일은 사실 고역입죠, 하지만…" 근처에 있는 생선 장수가 "포장지가 '굉장히' 부족한 지금,

생선 배급을 늘린다고 상상해보십시오"라는 격분한 안내문을 텅 빈 진열창에 큼지막하게 붙이며 보여주는 것과 똑같은 종류의 유머다. 그는 또한 웃는 사람들을 자기 편으로 만들지만 물건을 살 사람들은 그렇게 만들지 못한다, 아직은.

그런데 다리의 한쪽 끝에는 전차 정류장이 있다. 전차가 출발할 때 큼직한 감자 자루를 든 키 작은 노파가 승강장에 올라왔다. 전차가 덜컹거리며 우리를 지나고 자루에 든 감자가 다리 위 차도를 둥둥거리며 두드리다가 감자 자루가 엎어지면서 자루를 묶은 끈이 풀리자 노파는 소리를 지른다. 상인을 에워싼 사람들에게서 격렬한 동요가 감지되고, 전차가 지나가자 그 관객들은 경적을 울리는 영국 육군 차량과 전시용 위장 도색이 되어 있는 폴크스바겐 자동차 사이에서 감자를 놓고 실랑이를 벌인다. 그동안 상인은 다리 난간에 거의 홀로 서 있다. 어린 학생들은 책가방을 채우고, 노동자들은 주머니를 가득 채우며, 독일에서 수요가 가장 많은 이 덩이줄기 작물을 위해 주부들은 손가방을 연다. 그리고 이 분 뒤에는 모두 웃으며 독일에서 가장 얇은 감자 껍질을 추출하는 발명품을 파는 상인을 둘러싸고 물건을 몹시 사고 싶은 표정으로 서 있다. 함부르크 사람들을 흥미진진하며, 어울리기에는 위험한 사람들로 만드는, 격분에서 친절로 갑작스러운 반전이 있은 뒤에.

하지만 S양은 왜 웃지 않을까? S양과 함께 다리를 떠나며 그녀가 왜 웃지 않았는지 솔직하게 물어보지만, 그녀는 대답 대신 비통하게 말한다.

"저게 오늘날의 독일이지요, 감자 한 알에 목숨을 거는."

하지만 사실 S양에게는 함부르크 거리의 궁핍을 비웃지 않는 일만 기대할 수 있다. S양은 패전 뒤 함부르크에 있는 노동사무소의 직원이지만, 전에는 1943년 셀룰로이드 폭격[1]으로 불타버린 생선 가게의 주인이었다. 지금 그녀는 폐허 구역을 점검하고, 일할 수 있는 사람이 모두 일하고 있는지 확인하며 자신을 돌볼 수 없는 사람들이 돌봄을 받도록 하는 일에 하루 두 시간을 쓴다. 나에게 S양을 소개한 사람은, 그녀는 자신이 나치라는 사실을 알지 못하는 나치이며, 만일 누군가가 용기를 내 그녀의 견해가 나치와 일치한다고 알려주면 감정이 극도로 상할 많은 독일인 중 하나라고 나에게 털어놓았다. S양은 몹시 비통하지만 자신의 비통함을 아주 활발하게 유지할 기회를 주는 일자리에 감사한

---

[1] 이른바 '고모라 작전'으로 알려진 1943년 7월 말 영국 공군과 미 육군 항공대의 함부르크 폭격.

석탄 수송 열차에서 석탄을 훔치려는 함부르크 소년들. 1948.

다고 말한다. S양은 의심할 것 없이 활기차며 미래 지향적이지만, 동시에 많으나 당연히 모두는 아닌 반나치주의자들이 품은 생각(오늘날의 독일에서 활기는 의심스러운 견해를 갖는 데 따르는 대가라는)을 확인하게 한다.

타인이 자신에 대해 무엇인가를 알고 있다는 사실을 모르는 사람과 정치를 논하는 일은 구미가 당기는데, 만일 그가 독일인이며, 나치에 동조한다는 사실을 알지 못한 채 나치에 동조한다는 주장이 제기된다면 특히 그렇다. 예컨대 그런 경우 그는 어느 정당에 투표할까? (함부르크는 지방선거가 끝난 직후였다.)

S양은 대답에 일 초도 망설이지 않았다. 그녀에게 정당은 '당연히 사회민주당' 하나뿐인데, 만일 그렇게 된 이유를 자세히 알려고 해도 사회민주당을 지지하는 많은 유권자보다 더 합리적으로 설명하지는 못한다. 실은 자신과 생각이 비슷한 많은 독일인과 마찬가지로 S양은 솎아내기 방식으로 정당을 선택했다. 기독교 민주주의 정당인 기독교민주연합은 종교적이지 않아서 솎아내고, 러시아인이 두려워서 공산당은 선택 불가다. 자유당은 어떤 역할을 하기에는 너무 작고, 보수당은 알려진 게 너무 없어서, 만일 지금 투표를 해야 하고, 투표한다면 아직 연합국이 점령하고 있는 나라의 사람들은 어느 정당이 승리하든 별 차이가 없다고 말

하면서도 사회민주당에 투표한다.

높다란 엘리베이터 통로가 폭격 후 쓸쓸히 남겨진 넓은 폐허의 광장으로 나온다. 폐허를 정리하는 노동자 몇 명이 고철과 돌이 실린 작은 수레를 천천히 몰며 광장을 지나고, 그들이 거리에 다다를 때 붉은 깃발을 든 여자가 무의미하게 걸어 나와서 있지도 않은 차량을 세운다.

"D선생님, 보이시나요." 나와 동행 중인 동상에 걸린 여자가 내 팔을 붙잡으며 말한다. "우리 독일인들은 곧 연합국이 우리에 대한 처벌을 멈출 거라고 생각해요. 우리 독일인에 대해, 우리 병사들이 외국에서 했던 일에 대해 뭐라 말할 순 있어도, 독일인들이 처벌을 받아 마땅했던 건 아니에요."

"처벌이라." 나는 궁금하다. "왜 독일인들은 자신들이 처한 상황을 처벌이라고 생각하나요?"

"네, 더 나아지는 대신 더 나빠졌으니까요." S양이 대답한다. "우리는 전락하고 있는데 바닥까진 아직 한참 남은 느낌이에요."

그러고 나서 그녀는 영국인들이 함부르크 철도역의 재건을 막는 이유에 대한 질문에 다음과 같이 대답한 영국군 이야기를 한다. 워낙 유명해서 유감스럽게도 사실로 확인된 이야기다. "다시 일어서려면 삼십 년이 걸릴 수도 있는데 왜 우리가 당신네 독일인들이 삼 년 만에 그럴 수 있도록 도와줘야 하는 거요?"

그러는 동안 다 허물어져 가는 대도시 학교처럼 생겼지만 함부르크의 게슈타포 감옥이었던 크고 음울하며 무서운 건물에 다다랐다. 계단과 층계참의 세탁실들은 이곳에서 작년까지도 있었던 일에 조심스레 침묵을 지킨다. 거북스러운 냄새로 가득한 칠흑같이 어둡고 긴 복도를 우리는 걸어간다. 갑자기 S양이 높은 철문을 두드리고, 우리는 혼거실로 들어간다. 바닥은 시멘트로 되어 있고 벽돌을 다시 쌓아 거의 벽이 되었으며, 창이 있는 크고 휑한 방이다. 천장에 덩그러니 매달린 백열등이 방공호용 침대 셋, 젖은 장작 냄새가 코를 찌르는 난로와 그 옆에 서서 냄비를 젓고 있는, 눈이 아릴 정도로 얼굴이 희고 키가 작은 여자, 그리고 침대에 누워 심드렁한 표정으로 백열등을 뚫어지게 쳐다보는 작은 소년 위에서 매몰차게 빛나고 있다.

S양은 거짓말을 하는데, 뮐러라는 이름의 가족을 찾는다고 말한다. 여자는 우리가 들어온 걸 거의 알아채지 못했다. 여자는 냄비에서 눈을 떼지 않고 한스는 신발이 없어서 오늘은 밖에 나갈 수 없다고 말한다.

"여기 몇 명이 살고 있나요?" S양이 앞으로 나가 냄비를 들여다보며 말한다.

"아홉이요." 지친 여자가 말한다. "애들 여덟하고 저요. 바이에른에서 쫓겨났어요. 7월부터 여기서 살았어요. 이번 주엔 운이 좋아서 장작이 생겼지요. 지난주엔 운이 좋아서 감자가 생겼고요."

"그럼 어떻게 살아가고 있는 건가요?"

"이렇게요." 여자는 냄비에서 빼든 국자로 절망스럽게 감방을 빙 둘러 가리키며 말한다. 그런 다음 다시 냄비를 젓기 시작한다. 연기가 눈을 찌른다. 소년은 죽은 듯 아무 소리도 내지 않고 가만히 침대에 누워 천장을 뚫어지게 쳐다본다. 우리가 나가는 걸 여자는 알아채지 못한다.

감옥 전체가 1943년 함부르크에서 바이에른으로 피란했다가 1946년 여름 바이에른 주 정부에게 추방당한 가족들로 가득하다. 우리가 다시 밖으로 나올 때 나는 S양의 목소리에서 우울한 만족의 낌새를 감지한 것 같다.

"그래도 영국인들은 우리를 도울 수 있었어요. 그들은 민주주의가 무엇인지 보여줄 기회가 있었지만, 받아들이지 않았지요. 아시겠지요, D선생님, 만일 우리 독일인들이 히틀러 시절에 호화롭고 풍족하게 살았다면 그건 또 다른 문제였겠지만, 우린 가난했어요, D선생님. 그리고 우리는 모

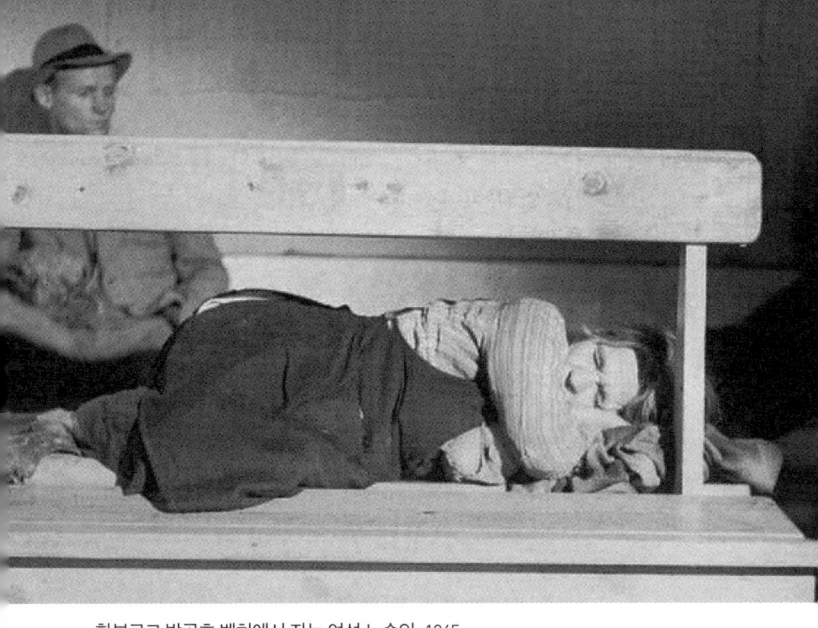
함부르크 방공호 벤치에서 자는 여성 노숙인. 1945.

든 걸 잃어버리지 않았나요, 집도, 가족도, 재산도요. 그런데 어떻게 연합국 사람들은 우리가 폭격으로 고통받았다는 생각을 하지 않는 건가요! 우리에게 처벌이 더 필요한가요? 처벌은 이미 충분히 받지 않았나요!"

우리는 사람 셋과 젖먹이 하나가 창도 없이 악취가 나는 방에 살고 있는, 어느 구둣방 아래 지하실을 방문한다. 나는 자주 개탄스러운 독일 민간인들의 죄의식 결여(군인들과는 좀 다른)에 대해 어느 현명한 독일인이 했던 말을 떠올린다. "코번트리에서 시작되었다는 사실을 독일인들이 알 수도 있겠지만, 독일인들은 거기서 폭격을 겪지는 않았습니다. 폭격당한 곳은 함부르크였고, 삼 년간 날마다 죽음의 공포를 경험했던 곳은 베를린과 하노버와 에센이었어요. 사람들은 이런 죄의식 결여를 안타까워해야 하고, 이해할 필요는 없지만, 자신의 고통으로 인해 타인의 고통에 대한 이해가 무감각해진다는 점을 명심해야 하겠습니다."

S양과 나는 알토나[2]의 예전 학교 화장실에서 하루를 마무리한다. 학교는 산산조각이 났지만, 운동장에 있는 화장실에는 아이가 셋인 주데텐란트(Sudetenland)[3] 출신 독일

---

2 함부르크의 서부 자치구.
3 20세기 초, 체코슬로바키아 서부 지역의 독일계 주민이 다수 거주하던 지역. 현재는 체코의 영토에 속한다.

가족이 살고 있다. 세 아이의 아버지는 폐허를 돌아다니며 찾은 철사로 직접 만든 장식품을 팔아 생계를 잇는다. 이 소변용 화장실은 놀랍도록 깔끔한 모습인데, 마침내 집이 생긴 게 애처로울 정도로 기쁜 남자는 자신보다 먼저 이곳에 살았던 세입자를 끝내 이사하도록 설득했을 때 느꼈던 기쁨에 대해 가식적인 동정심을 보이지 않고 이야기한다. 화장실은 그때도 화장실이었고, 전 세입자는 알토나의 화장실에 살다가 부모와 아내와 딸을 연이어 폐결핵으로 잃고 나서 단념했다.

함부르크로 돌아가기 전 S양은 유대인 묘지가 있는 거리로 나를 데리고 간다. 묘지는 폭격을 당했으며, 묘비들은 그을음이 묻어 있고 부서져 있다. 훼손이 심하며, 벽은 검은 유대교 회당이 묘지의 배경을 이루고 있다. 방금 만든, 짙은 빛깔의 봉분들 앞에 검은 옷을 입은 몇 사람이 무릎을 꿇고 있다.

그때 S양이 말한다. "이게 독일입니다, D선생님. 폭격당한 묘지 말이지요. 이 방향으로 거리를 걸어갈 때 저는 늘 여기에 잠시 멈춰요."

알토나의 이 작은 거리에서 내가 목격할 수 있는 기도의 순간이며, 지옥에서 삶을 살아갈 수 있음을 신에게 감사하는 사람에게는 짧은 행복의 순간이다.

　하지만 S양이 비통한 행복과 오롯이 있도록 조심스럽게 돌아서다가 폐허가 된 벽에 펼쳐진 커다란 현수막에서 「즐거운 과부」[4]의 거대한 광고를 읽는다. 그렇다, 과부다. 하지만 즐겁다니?

4　오스트리아-헝가리 제국 출신 작곡가 프란츠 레하르의 오페레타.

가난한 사람의 케이크

　함부르크 외곽의 방치된 공원 안쪽 깊은 곳에는 나이 많은 자유주의자 변호사가 인기 있는 피카레스크 소설 작가와 함께 살고 있다. 지나가는 영국군 자동차의 전조등 말고는 거리에 다른 조명이 없는 함부르크의 한 구역에 있는 공원이다. 어둠 속에서 보이지 않는 팔에 닿거나 보이지 않는 말들이 미끄러지듯 지나는 소리를 듣고 살짝 전율하며 나는, 리볼버 없이는 함부르크의 어두운 거리를 다니지 말라던 노련한 연합국 특파원들의 조언을 기억한다. 공원은 햇빛 속에서 보이던 낮의 모습보다 더 험하지만, 끝내 안전한 계단을 찾아내, 초인종을 누르고, 우산꽂이와 실레시아 출신 하녀가 있는 상류 부르주아풍의 대형 현관으로 들어가게 된다. 응접실 벽시계, 책장에 꽂혀 수 미터 이어지는 금박 가죽 장정 도서, 털이 촘촘한 양탄자, 크리스털 샹들리에와 가죽 안락의자에서는 폭격과 주택난에 대한 인식이 보이지 않는다. 그러면 변호사와 작가는 어떨까?

우파의 선거 선전이 가장 아끼는 슬로건은 패전이 독일의 계급을 폐지했다는 주장이다. 노동자 정당들은 우파 반대 진영과의 투쟁에서 허구를 곤봉으로 사용한다는 이유로 비난받는다. 사실 1946년 가을의 선거에서 계급 투쟁 슬로건이 격렬하게 내세워진 것은 우연이 아니었다. 독일의 무계급에 대한 주장은 냉소적인 과장을 뜻한다. 패전 후 계급 경계는 흐려지기보다는 첨예해졌다. 대체로 독일인 모두 똑같은 경제적 곤경에 처해 있다는 주장을 할 때 우파 이데올로그들은 가난과 무계급을 혼동한다. 독일인 대부분이 가난하며 예전에 부유했던 사람들은 재산을 많이 잃어버렸다는 것은 어떤 면에서 사실일 수 있지만, 상당히 정상적인 사회에서의 부유층과 무산층의 차이보다 더 큰, 가난의 정도가 가장 나은 서민과 최빈층의 차이가 독일에는 있다.

최빈층 사람들은 폐허의 지하실, 벙커 아니면 낡아빠진 감방에 살고 중빈층 사람들은 전쟁 후에도 남아 있던 공동주택의 방 한 칸에 한 가족씩 과밀 상태로 사는 반면, 서민들은 자유주의자 변호사와 작가처럼 낡은 단독주택이나 중빈층 사람들이 경제적 여유가 없어 입주하지 못하는 도시의 가장 큰 아파트에서 산다. 당연히 인구 밀도가 낮은 단독

주택 지구가 공동 임대주택 지구보다 피해를 더 적게 입고 폭격에서 벗어났을지라도 영국이 떨어뜨린 폭탄은 계급의 경계를 뛰어넘었다는 변호사의 말이 맞긴 하지만, 계급 투쟁을 옹호하자면 은행 계좌는 폭격당하지 않았다는 사실이 추가되어야 한다. 매월 이백 마르크(암시장에서 정확히 버터 오백 그램의 가격임을 고려하면 적당한 액수다)를 초과하는 인출은 불가능할 정도로 은행 계좌가 차단되고 있는 것은 사실이지만, 여기에도 정상적인 노동 급여는 월 백이십 마르크에 달하며, 안전상의 이유로 집에 보관된 돈은 당연히 행정 당국의 통제를 피한다는 사실이 정의를 위해서 추가되어야 한다.

    더욱이 이는 가장 부조리하고, 믿기 어려우며 부당한 결과를 낳는다. 만일 피고인이 나치 활동을 했다면 아파트는 몰수당하고, 몰수된 아파트는 과거 정치적 박해를 받았던 사람에게 배정되는 것이 탈나치화 재판의 일반적인 판결이다. 그렇게 하는 건 아름답지만, 애석하게도 대체로 무의미하다. 정치적 박해를 받았던 사람들은 경제적으로 중빈층과 최빈층 사이 어딘가에 있어서 지금 돈이 있는 사람들, 즉 나치 치하에서 돈을 벌었던 사람들이 인수하는 넓은 옛 나치 아파트의 임대료를 낼 여유가 없기 때문이다.

베를린의 폐허에서 사는 가족. 1947.

자유주의자 변호사와 그의 친구인 피카레스크 소설 작가는 절대 나치가 아니었다. 변호사는 1933년 전부터 옛 자유당 소속이었으며, 작가는 히틀러 시대에 글쓰기보다는 돈에 의지해서 사는 편을 선호했던, 제법 성공한 소수 작가 중 하나다. 우리는 설탕 없이 차를 마시며 정교하게 제조된 가짜 생크림을 얄팍하게 바른 케이크를 먹었다. 사실 아랫부분은 별다를 게 없고 맛은 형편없는 독일 에르자츠 빵[1]으로 드러난 이 케이크를 먹는 동안 변호사는 체념하는 백발 아래로 몹시 무관심한 독일에서는 보기 드물며 정상적인 나라에서는 히스테릭한 청년들의 격렬한 환멸을 드러낸다. 중년 신사들이 한쪽 다리는 강제 수용소에 걸친 채 십이 년을 보냈다고 말하는 것, 아직 탈나치화가 되지 않은 사회라는 최악의 집단에서도 나타나는 이 관습은 일부 부르주아 사회가 갖는 훌륭한 전후 독일의 예절에 속하는 것 같다. 거짓된 열정 대신 진정한 열정으로 표현되는 이런 말들을 듣는 건 더 드문 일이지만, 자신만큼 약한 마이센 자기[2] 위로 몸을 숙이는 이 연약한 체념의 대가는 그런 표현 기술을 구사

---

1 전쟁으로 생필품이 부족한 독일에서 유통되던 대용식. 감자와 톱밥 등을 섞어 만들었다.
2 독일 동부 작센 주의 도시 마이센에서 18세기부터 생산된 유럽 최초의 경질자기.

할 수 있다.

"우리는 영국인들을 해방군으로 맞이했지만, 그들은 우리가 그랬다는 걸 알지 못했을 겁니다. 낡은 독일이 아니라 새로운 민주주의 국가의 건립을 위해 우리는 기꺼이 뭐든 하려 했어요. 하지만 우리는 아무것도 하면 안 되었죠. 그들은 우리보다 강하다는 이유로 독일의 재건을 방해하고 있으며, 독일에서 무슨 일이 일어나는지 무관심한 것처럼 보이기 때문에 그들에게 실망했습니다."

여기서 '우리'란 북부 독일에서는 규모는 작아도 반나치적인 태도로 평판이 좋을 수 있으나, 남부 독일에서는 규모가 크고 의심스러우며 그곳에서 "자유주의적으로 생각하고 사회주의적으로 행동하며 독일스럽게 느낀다"라고 말하는 자유당일 수 있다. 그렇지만 '우리'는 아주 다를 수도 있다. '우리'는, 영혼과 심장에서는 나치를 반대했지만 그로 인한 고초를 겪을 일도 없고 기꺼이 고초를 겪겠다는 마음도 아예 없었으며, 강압에도 전혀 저항하지 않다가 정치적으로 박해받았던 진정한 반나치주의자를 향해서는 일종의 반나치 '동업자 간의 경쟁의식'을 품은 독일 지식인 중간계급일 수 있다. 가슴속에 좋은 양심과 나쁜 양심이라는 두 가지 양심을 지니면 이데올로기적 명확함도 심리적 명확함도 고취하지 못한다. 실망과 의식적인 환멸은 확실히 그런 영혼의

딜레마에서 벗어나는 가장 쉬운 방법이다.

천성이 더 유연한 편인 작가는 사람들이 엉뚱한 선거 집회에 가서 돌아갈 때가 되어서야 기독교민주연합 대신 사회민주당, 아니면 보수당 대신 자유민주당으로 갔다는 사실을 알아챌 정도로 여러 정당의 강령이 여전히 모호한 말로 적혀 있다고 웃으면서 말한다. 작가는 직접 탁월하고 익살맞은 방식으로 이데올로기적 혼동을 증명한다. 자신은 타고난 반나치라고 주장하면서도 계획경제체제에서 돈을 잃는 일이 없도록 기독교 정당이라 자칭하며, 십자가 아래 옛 나치들을 거의 다 집결시켰다는 기독교민주연합에 투표했다. 그러나 그는 양심을 구하려고 보수주의자이지만 돈이 없는 누이에게 자신을 대신해서 사회민주당에 투표하라고 설득했다.

마지막으로 글을 쓴 게 십오 년 전이지만 낙관적인 소설을 쓰는 습관은 계속된다. 작가는 명예와 양심을 걸고 독일에서 우수한 사람의 불과 일 퍼센트만이 나치였다고 장담하고, 뒤이어 변호사는 독일의 우수성 부족을 감정 없이 건조하게 애석해한다. 하지만 영국인들은 의도적인 기아 정책으로 나치만큼이나 크게 인구를 말살했으며, '나쁜 사람들은 더 나쁘게 그리고 좋은 사람들은 자신 없게 만들어서', 결국 민생고를 해결해주기만 하면 어떤 미심쩍은 정치, 사

베를린의 정당 선전 포스터. 1946.

회 운동이라도 사람들을 그 품으로 들어가게 했으므로 그는 영국인들을 비난한다.

물론 굶주림은 모든 형태의 이상주의에 부적합하다는 것은 비통한 진실이다. 오늘날 독일에서 이데올로기적 재건 작업을 방해하는 가장 강력한 저항은 의식적인 반동 세력이 아니라, 배가 채워질 때까지 정치적 신념을 갖고 기다리는 무관심한 대중에 있다. 이 점을 감안하면 가장 세련된 선거 선전은 선거 승리 후 평화와 자유 대신 쥐와 도둑이 얼씬할 수 없는 찬장을 보급하겠다는 약속에 국한되었고, 독일에서 가장 유명한 빵은 1946년 가을 공산당의 선거 포스터에 날카로운 빵칼과 같이 그려져 있던 빵이다. 파리의 해방자 쾨니그 장군[3]이 비 내리던 10월의 어느 날 함부르크 중앙역에 하차해 총구멍 난 캐노피 아래에 모습을 보이자 빽빽하게 줄지어 선 실업자들은 그와 팔꿈치까지 흰 소매를 걷어 올리고 뺨과 사열용 제복이 굉장히 붉은 장교들로 편성된 초조한 영국군 경비대에게 눈을 떼지 못했다. 경적이 성을 내듯 내지르며 차량 행렬이 길게 지날 때 젊은 독일 경찰관들은 '저 사람은 뭘 가져 왔나? 초콜릿? 아니면 빵?' 하며

---

3 마리피에르 쾨니그(Marie-Pierre Kœnig, 1898-1970). 이차세계대전 당시 샤를 드골이 지휘한 망명정부이자 연합국의 일원이었던 자유 프랑스의 장성.

경멸에 찬 외침을 퍼붓는 사람들에 둘러싸여 있었다. 그리고 공권력을 대표하던 사람들은 가죽 헬멧 밑으로 얼굴을 붉혔다.

얼굴을 붉히는 일, 이는 대중이 물질적 어려움의 해결을 요구할 때 한동안 정당이 할 수 있는 전부다. 하지만 얼굴 붉히는 일에는 더 적합하거나 덜 적합한 방법들이 있다. 덜 적합한 방법 중 하나는 우파의 완고한 계급 사회 소멸 주장이다. 그래도 사람들은 마음속으로 그 주장이 잘못되었다는 건 알고 있다. 변호사와 작가가 대접한 형편없는 독일 빵으로 만든 케이크는 사실 상징적인 케이크로, 아주 비통한 사실을 위장하려 만든 가짜 크림이 발린 자유주의 케이크다. 이는 확실히 서민들을 위한 케이크다. 최빈층 사람들은 빵을 그런 식으로 먹지 못한다.

이 상징적인 케이크는 노동자 정당이 계급 투쟁 노선에 따라 활동하고, 미래를 내다볼 줄 아는 노동조합 조직이 아직까진 보이지 않는 사회 갈등을 언젠가 점령국이 독일의 굴레를 풀어주게 되면 본격적으로 드러날 거라고 예상하는 이유 중 하나를 함축한다.

만일 더 분명한 증거를 원한다면, 예컨대 함부르크 지하철을 타볼 수 있다. 비교적 옷을 잘 차려입고 비교적 건강

관리가 잘된 사람들과는 이등석을, 분필이나 신문지같이 흰 얼굴, 절대 홍조를 띨 수 없을 것 같은 얼굴, 상처를 입어도 피를 흘릴 수 없으리라 생각되는 얼굴에 행색이 남루한 사람들과는 삼등석을 탈 수 있을 것이다. 독일에서 가장 흰 얼굴들은 확실히 서민은 아니다.

전략의 기술

조금 전략하라! 그렇게 해보라! 만일 기술이 전략이라면 이를 더 형편없이 아니면 더 좋게 구사하는 사람들이 있다. 정확히 말하면 목숨을 바칠 대상이 훨씬 더 적다는 생각이 그들을 살아 있게 하기에, 살아갈 목표가 아주 적다고 생각하고 형편없이 전략을 구사하는 이들이 독일에 있다. 하지만 살아남으려고 모든 것을 기꺼이 받아들이는 사람들 역시 놀랍게도 많다.

베를린 동물원역[1] 앞에는 매주 일요일 이동식 소형 오르간으로 찬송가를 귀가 찢어질 듯 연주하는 남루한 행색의 눈먼 노인이 앉아 있다. 추위에도 맨머리로 앉아 인도에 놓인 자신의 허름한 모자에 슬피 귀를 기울이지만, 희미하

---

1 베를린 서부에 있는 철도역. 연합군 군정기에는 미국, 영국, 프랑스의 서부 점령지구였으며, 분단 시기에는 서베를린의 철도교통 중심지였다.

고 둔탁하게 쩔렁거리는 독일 동전이 모자로 떨어지는 일은 드물다. 물론 만일 그가 오르간 연주를 하지 않았다면, 무엇보다도 찬송가를 연주하지 않았다면 벌이는 더 나았을 것이다.

베를린 시민들이 피해가 적은 교외에서 감자나 장작을 찾으며 또 하루를 보내고는 삐걱거리는 작은 손수레를 몰고 지나가는 평일 오후, 노인은 오르간을 크랭크 오르간으로 바꿨고, 동전은 더 자주 모자에 떨어졌지만, 일요일이면 노인은 돈과는 거리가 먼 완강한 이상을 품은 채 끽끽거리는 낡은 이동식 오르간을 고집한다. 일요일만큼은 크랭크 오르간 연주를 용납할 수 없다. 그에게는 전락할 게 아직 조금은 남아 있다.

하지만 역에서는 전락의 단계를 거의 다 거친 사람들을 만날 수 있다. 모험의 선전 공연을 위한 무대였던 대형 독일 철도역은 상처투성이 벽 사이와 금이 간 지붕 아래에서 세상 모든 절망의 큰 몫을 담고 있다. 이방인들은 비 오는 날이면 언제나 비가 타닥거리며 대합실 지붕을 뚫고 내려 철도역 벤치 사이에 호수를 만드는 광경과 소리에 놀란다. 그 광경은 통제 잘된 이 혼란 속에서 작은 혁명처럼 보인다. 밤이면 이방인은 콘크리트 터널에서 맞닥뜨린 난민들 때문에 조금 놀라게 되는데, 남쪽이나 동쪽에서 온 그들은 휑한 벽을 따라 그 맨바닥에 몸을 뻗고 누워 곤히 잠자거나 아주 또렷이 깨어나 초라한 짐꾸러미 틈에 웅크리고 앉아서는 이곳만큼이나 절망적인 새로운 역으로 데려다줄 기차를 기다린다.

대도시의 지하철역들은 폭격에서 무사히 살아남았다. 초라하지만 상처를 입지는 않았다. 베를린의 지하철역들은 습기와 가난의 냄새를 풍기지만, 열차는 평소처럼 빠르고 안전하게 운행된다. 사람들은 칭얼대는 미국식 영어 아니면 속도가 빠르고 어르는 듯한 영국식 영어를 이미 완벽히 구사하며 옷은 잘 차려입었지만 화장은 곱지 못한 독일 여자들과 함께 승강장을 배회하는 외국 병사들을 굳이 몸을 돌려 보지 않는다. 이 여자들 중 상당수는 열차 문기둥에 기댄 채 도전적인 눈빛으로 되도록 많은 눈빛을 사로잡으려 애쓰며 동행한 영국군 병사와 이곳 사람들의 몰상식에 대해 말한다. 다른 여자들은 술 취한 미국인 친구를 넘어지지 않게 받쳐주며 눈으로는 '가난한 여자가 뭘 하겠어요?'라고 말한다. 객차에서 소녀들이 피우는 연합국 담배의 연기는 시고 메스꺼운 맛이 나는 독일 담배의 연기와 섞여 좀처럼 사라지지 않는 먼지와 궁핍의 냄새를 지하 열차에 선사한다. 하지만 지하철이 선명한 햇빛 속으로 들어가면 여자들의 얼굴에도 굶주림의 그늘이 드리워진다. 그리고 드물긴 하지만 "독일의 미래는 저런 모습이다! 술 취한 여드름투성이 미군 병사와 성을 파는 독일 여자!"라고 말하는 사람도 있다.

궁핍은 다른 사람들을 생각해 도덕을 지키는 습관을 없애기 때문에 그런 말을 하는 일은 거의 없다. 노르트엑스프레스(Nordexpress)[2] 열차에서 비프스테이크를 앞에 놓고 독일은 도덕이 전혀 없는 나라라던, 캘리포니아에서 온 영양 상태 좋은 종군 목사처럼 말하는 건 옳지 않다. 궁핍의 독일에서 도덕은 새로운 차원의 존재에 익숙하지 않은 눈이 전혀 그 존재를 알아채지 못하게 만드는 아주 새로운 차원을 획득했을 뿐이다. 암거래와 성매매가 유일한 생존수단이 되었을 때는 부도덕한 것이 아닌 것처럼 이런 상황에서 절도는 오히려 타인의 재산을 강탈하는 것이 아니라 쓸 수 있는 자원의 더 정당한 분배를 의미하기 때문에, 훔치는 일이 부도덕하지 않은 상황이 있다고 이 새로운 도덕은 주장한다. 이는 물론 모두가 도둑질을 하거나 암거래를 하거나 성매매를 한다는 것을 의미하지는 않지만, 사실 사람들은, 심지어 일부 진보적 교회들까지도, 견디기 위해서 일반적인

---

2   1896년에 개통해 냉전 체제 구축 시기까지 운행했던 파리발 상트페테르부르크행 열차 노선.

미군 병사와 교제하는 베를린 여성들. 1945.

의미에서는 금지된 일을 하는 것보다 굶주리거나 가족을 굶주리게 하는 쪽이 도덕적으로 더 비난받아야 한다고 생각한다는 걸 의미한다. 생존형 범죄는 다른 어느 곳보다 독일에서 훨씬 더 관대하게 여겨진다. 이는 연합국 군목(軍牧)들이 도덕의 결여라고 부르는 것의 일면이다. 독일은 몰락보다 전락을 더 많이 눈감아주고 있다.

어두워지기 시작하고 전기가 끊긴 어느 오후의 베를린, 나는 해 질 녘에 포츠담으로 가는 어두운 기차들이 덜컹거리며 지나는 역에서 키 작은 폴란드인 여교사를 만난다. 그녀에게는 조차장 가장자리에 있는 이 년 전 철도 사고의 잔해에 아이다운 관심을 쏟는 일곱 살짜리 아들이 있다. 레일 옆에는 정수리가 부서진 객차들이 전복된 채 쓰러져 있으며, 불에 타버린 대차(臺車)[3]는 산산조각이 난 침대차의 녹슨 뼈대에 돌진해버렸고, 가장자리에는 화물차 두 대가 서 있으며, 차대(車臺)의 잔해들은 파편에서 튀어나와 있다.

베를린으로 들어가는 길에는 선로를 따라 낡고 녹슨 열차 사고 잔해가 가득하다. 역마다 승강장은 사람들로 새카만데, 배낭, 땔감용 잔가지 다발, 작은 손수레, 너덜너덜한

---

3   차체를 지지해 차량이 레일 위로 안전하게 달리게 하는 바퀴 달린 차.

종이로 싼 머리통만 한 양배추를 가지고 열차 문으로 난입하며, 역 사이에서 줄곧 고통의 비명을 지르는 사람도 있다. 사소한 일로 쉴 새 없이 다투는 두 여자가 있다. 개들이 발에 밟혀 낑낑거리지만, 말 없는 러시아 장교 두 명은 겁먹은 경의로 만들어진 작은 벽에 둘러싸인 채 좌석에 앉아 있다.

새로운 역의 인산인해, 아니면 너무 큰 배낭을 멘 사람들이 내뱉는 새로운 욕설로 끊임없이 멈춰지는 짧은 문장들에서 나는 베를린에서 무척 외롭게 사는 느낌이 어떤지를 천천히 알게 된다. 폴란드인 교사는 아우슈비츠에서 남편을 잃었고 1945년의 극심한 공포 속에서 폴란드 국경에서 베를린으로 가다가 두 아이를 잃었으며, 일곱 살 소년이 유일하게 남은 가족이다. 그런데도 그녀는 조명등이 켜질 때 보면 평온한 안색을 띠고 있고, 무슨 일을 하는지 물으면 나에게 미소를 지으며 귓속말을 한다. "장사요!" 그녀는 한때 폴란드의 작은 마을에서 함순[4]과 스트린드베리[5]를 읽었지만, "이제 다 지난 일이지요"라고 말한다.

그런데 '장사'라니 무슨 뜻일까? 만일 열망을 품을 수 없을 정도로 나이가 너무 많거나 독일에서 해야 할 일이 있

---

[4] 1920년 노벨문학상을 수상한 노르웨이 작가. 나치의 노르웨이 점령을 지지한 반역 혐의로 종전 후 유죄 판결을 받았다.
[5] 근대 표현주의 희곡으로 유명한 스웨덴 작가.

다고 믿을 필사적인 용기가 있는 사람이 아니라면, 독일에 남아 있을 수밖에 없는 사람들은 모두 자신들이 살고 있지 않은 곳을 열망하기 때문에 우리는 잠시 열망에 대해 이야기한다. 폴란드인 교사는 스웨덴이나 노르웨이를 열망한다. 그녀의 집에는 바라보며 열망하는 그림이 한 점 있다. 노르웨이의 피오르 아니면 지벤뷔르겐[6]의 다뉴브강을 그린 그림이다. 그녀가 더는 잘못된 대상을 열망하지 않도록 나는 그녀를 따라 집으로 가서 뭔가를 말해주고 싶은 걸까?

지하철역에서 나오면 수많은 어두운 거리를 걸어가야 한다. 최근에 선거가 있었고, 폐허의 벽에는 커다란 포스터들이 남아 있다. '사회민주당 포스터—두려움이 있는 곳에 자유는 없다. 자유가 없으면 민주주의도 없다, 공산당 포스터—청년은 우리의 일원, 기독교민주연합 포스터—기독교. 사회주의. 민주주의.' 기독교민주연합은 함부르크에서는 노골적인 반마르크스주의 선전으로 승리했으며 베를린에서는 사회주의라는 단어를 그만큼 부지런히 써서 승리하려 애쓰는 카멜레온이다.

"그런데, '장사'라니 무슨 뜻인가요?"

---

6 루마니아 중서부 지역 트란실바니아(Transilvania)의 독일어 이름.

장사란, 귓속말로 할 때는 암거래를 뜻하고 큰 소리로 하면 일반적인 사업을 뜻한다. 이 교사에게는 지붕이 날아간 건물 꼭대기에 있는 방 두 개짜리 아파트가 있다. 벌써 사람들이 계단에 서서 기다리고 있다. 시계를 처분하고 싶어 하는 사람이 있다. 갑자기 동양 양탄자가 필요하다고 깨달은 사람도 있다. 가지고 있던 오래된 식탁용 은기보다 오히려 먹을 것을 원하는, 도자기처럼 고운 노부인이 있다. 저녁 내내 초인종이 울리고, 큰 방에는 낮은 목소리로 열을 올리며 도자기, 시계, 모피, 양탄자와 어마어마한 액수의 마르크 이야기를 하는 사람들로 가득하다. 나는 안쪽 작은 방에 앉아 일곱 살이지만 눈빛은 적어도 열 살은 된 것 같은 조용한 소년과 말을 나눠보려 한다. 방에 걸린 그림은 절대 익명의 풍경을 재현한다. 나는 귀한 백설탕을 넣은 차를 마신다. 쉬는 시간에 교사가 들어와 자신은 이 일을 좋아하지 않는다고 말한다.

"예전에는 너무 수줍어서 입을 뗄 용기를 내지 못했어요. 이제는 종일 돌아다니면서 사람들이 갖고 있는 금과 은을 찾아보려고요. 선생님은 제가 그 일을 좋아한다고 믿어선 안 됩니다. 하지만 여기서도 사람은 살아가야 해요. 삶을 살려면 어떤 일이든 익숙해져야 해요."

그렇다, 분명히 사람은 삶을 살아가야 하며, 분명히 어떤 일이든 익숙해져야 한다. 그녀의 동업자인 최근에 귀향한 병사가 들어와서 잠시 나와 같이 있어 준다. 그는 이탈리아에 있었는데, 연합군이 처음으로 시칠리아에 상륙한 기념으로 이마는 일그러졌고 몬테카시노의 포위에서 살아남은 기념으로는 가슴에 수류탄 파편이 박혔다. 사람들이 그를 암거래 장사치라고 비난하면 그는 다음과 같이 말한다.

"달마다 보조금을 사십오 마르크 받소. 담배 일곱 개비 사면 끝이오."

그에게 나치였는지 물으면, 그는 칠 년 동안 전쟁터에 있었다고 대답하며 그것으로 답은 충분하다고 생각한다. 그에게 투표했는지 물으면, 투표는 했지만 아무 소용 없다고 말한다. 그렇다면 어느 정당에? 기독교민주연합? 아니다, 병사는 종교인이 아니다. 독일 공산당? 아니다, 병사에게는 러시아 포로수용소에 있었던 친구들이 있다. 그래서 사회민주당에 투표했는데, 그 정당에 가장 관심이 없기 때문이었다.

하지만 그렇더라도 그에게는 네투노[7]와 몬테카시노의 기억만 있지는 않으며, 정겨웠던 옛 베를린의 기억도 있다.

---

7 1944년 1월부터 6월까지 연합국과 추축국의 전투가 이어진 로마 부근의 항만 도시.

베를린 암시장에서 거래되는 담배. 1949.

그에게는 농담할 힘이 있다. 그는 재미있는 이야기를, 각자의 금붕어가 있는 연못을 다스리는 베를린의 4개국 점령자들에 대한 재미있는 이야기를 들려준다. 러시아인은 금붕어를 먹어 치운다. 프랑스인은 금붕어를 잡아 먼저 아름다운 지느러미를 잘라버린 다음 내던진다. 미국인은 금붕어를 잡아 기념품으로 미국에 보낸다. 영국인의 행동이 가장 이상한데, 물고기를 잡아서 손에 쥐고 죽을 때까지 쓰다듬는다.

몹시 춥고, 굶주리고, 은밀한 흥정이 오가며, 더럽고 부도덕한 베를린에는 여전히 농담을 꺼낼 힘이 있고, 외로운 이방인들에게 차를 권할 정도로 친절을 보일 힘이 있으며, 폴란드인 교사와 귀향 병사처럼, 분명히 법을 어기며 살아가긴 하지만 눈을 뜨고 전락할 용기가 충분해서 역설적으로 커다란 어둠 속에서 밝은 광점(光點)이 되는 사람들이 있다.

하지만 이상한 냄새를 풍기는 지하철을 타고 집에 돌아가는 밤, 키 작고 술 취한 앳된 영국군 병사가 얼굴과 어울리지 않게 경직된 미소를 짓는 엉망이 된 두 금발 여자 사이에 앉아 있다. 두 여자 다 어루만지던 병사가 잠시 뒤 혼자 내리자 두 여자의 미소가 얼굴에서 재빨리 떨어져 나가고, 히스테리가 허공에서 노래하는 동안 그들은 세 역을 지나며 이어지는 노골적이며 재미없는 말싸움을 시작한다. 누구도 연합국의 금붕어 같은 두 여자의 모습보다 더 나을 것도 없다.

환영받지 못하는 사람들

요즘 독일에서는 일반적으로 화물 열차가 통행 우선권을 가진다. 점령국 군정부가 도시의 극장 좌석 여러 줄을 정기권으로 끊어놓은 사실이 발견되자 삼등석 인간으로 격하되었다고 비통하게 주장한 사람들과 똑같은 사람들이, 허름한 여객 열차의 얼음처럼 차가운 객실에 앉아 새로운 열차 체계를 상징적으로 해석한다. 그리고 반드시 사람들은 기다리는 법을 배워야 한다. 아직도 비어 있거나 채워진 감자 자루를 든 사람들로 터질 듯 꽉 차 있는 추운 여객 열차보다는 특정한 유형의 화물 열차가 더 중시된다.

하지만 그런 화물 열차만 있는 건 아니다. 철도 연락 정차장의 선로변에 연결되어 있지만 잊히거나 등한시되며, 발차 전에 며칠이나 그곳에 정차되어야 할 정도로 하찮게 여겨지는 화물 열차들이 있다. 보통 밤에 사전 연락 없이 들어오는 이런 열차들은 언제나 불청객이 맞닥뜨리게 되는 상당한 꺼림직함을 드러내는 발차 계원들과 철도 당국이 처리한다. 이런 상황에도 환영받지 못하는 화물 열차들은 난처할 정도로 끈덕지게 유령선처럼 계속 나타나며, 역 직원은 노선이 우연히 비어 있을 때 열차들을 내보낸다.

사람들은 철도 행정 당국의 망설임과 꺼림직함을 잘 알고 있다. 불청객인 화물 열차들은 열차를 대표하지 않을 뿐만 아니라, 독일의 전후 교통을 대표하지도 못한다. 평소에는 폐차 대상으로 분류되지만 지금은 '방습이 되지 않아 민감한 화물 수송에는 부적합'이라고 쓰인 작은 안내판이 부착된 화차를 연결해서 만든 것이다. 비가 화차 지붕을 뚫고 들어오기 때문에 녹슬지 않는 화물 또는 그 밖에 누수로 손상을 입지 않는 화물이거나 만일 그렇게 되더라도 상관없을 정도로 쓸모없는 화물, 그러니까 훔쳐봤자 돈이 되지 않고 노선에서 도착 신호를 전달할 때 존중과 우선 통행권을 요구하는 화물 열차들을 쓰면 수지가 맞지 않는 화물을 운송할 때만 사용될 수 있다는 뜻이다.

에센의 철도 조차장에는 그런 열차 한 대가 차가운 잿빛 비를 맞으며 서 있다. 일주일 전부터 빗속에 주차된, 화차 열아홉 대로 구성된 열차다. 기관차는 분리되어 있으며, 평소 도착한 화물 열차에 쏟아지는 관심이 이 경우에는 없는 것 같다. 그런데도 이 버림받은 황량한 화물 열차에는 에센

시의 관심을 끌 만한 게 있다. 루르 전역에 퍼졌던 최초의 연합국 융단 폭격 이후 바이에른으로 대피했던 에센 시민 이삼백 명이 그 열차를 타고 거주 도시, 정확히는 거주 도시의 역으로 돌아왔는데, 그들은 거기보다 더 멀리 가서는 안 되기 때문이다.

모든 독일인은 주요 도시로의 '이주 금지'가 만연해 있다는 걸 알고 있는데, 말하자면 어떤 독일 도시든 폐허 사이를 걸어 다니는 건 허용되지만, 구직과 취식 또는 거주는 금지되는 범위까지 국내 이동이 금지되는 정책인 것이다. 바이에른 주 행정 당국 역시 이 정책을 알고 있지만, 그렇다고 해서 전쟁의 피해를 모면한 시골 마을에 배치되어 있었던 다른 지역 출신 피란민에게 집행 5일 전에 통지하고 쫓아내는 일을 하는 데 방해받지는 않는다. 방수가 되지 않는 화물열차는 바이에른의 역에서 연결되고, 쫓겨나는 사람들은 바닥과 지붕과 벽 말고 다른 편의시설이 없는 화차에 채워지며, 노선이 비자마자 열차들은 북서쪽으로 보내진다.

14일 뒤 열차 한 대가 목적지에 도착하는데, 그곳에서는 처음에는 열차가 도착했다는 걸 알지 못하다가 나중에는 이에 대해 알려고 하지 않는다. 열차가 달리던 14일 동안 승객들에게 공식적인 급식의 기회는 없었지만, 고향은 선로 옆 작은 창고에서 묽은 수프를 하루 한 접시씩 나눠 주는 것으로 작은 호의를 베푼다.

그런 곳에 완전히 속수무책인 상태로 가면 난처하고 무서운 느낌이 든다. 철도역사는 몇 년 전 사라졌으며, 화물열차 한 대가 쓸쓸히 서 있는, 유일하게 복구된 선로를 뒤틀린 레일이 뱀처럼 꾸불꾸불 지나간다. 금이 간 승강장은 쉴 새 없이 내리는 비로 진흙투성이다. 승객 몇몇은 잿빛 낮을 향해 반쯤 문이 열린 화차들을 따라 돌아다닌다. 기차 거주자의 건강이 나쁘다고 말하면서, 유감스럽게도 에센 시가 할 수 있는 일은 아무것도 없다고 전하는 고통스러운 의무가 있는 시 당국의 청년 의사와 함께 나는 여기에 왔다.

하지만 의사의 도착은 기차에 있는 굶주린 사람들에게 헛된 희망을 불러일으킨다. 나이 든 여자가 녹슨 난로 연통에 몸을 기댄 채 우리를 부른다. 그녀에게는 어둠 속 작은 침대에 누워 있는 두 살짜리 손녀가 있다. 아이는 기침할 때 말고는 가만히 누워 있다. 한쪽 벽을 따라 있는 부서진 침대, 한쪽 구석에 쌓인 감자 한 더미(목적지 없는 여정의 유일한 식량), 그리고 세 사람이 자고 있는 또 다른 구석의 작고 더러운 짚 더미로 화차의 가난은 이루어져 있고, 에센의 폐허에서 건져낸 부서진 난로에서 퍼져 나와 마음을 가라앉히는 푸른 연기에 부드럽게 감싸여 있다. 이곳에는 모두

여섯 명의 두 가족이 산다. 처음에는 여덟 명이었지만, 두 사람은 도중 어딘가에서 뛰어내리더니 다시는 돌아오지 않았다. 물론 W 선생은 아이를 들어 올려 건강 상태가 어떤지 말할 수 있으며, 난로의 화구에서 나오는 빛으로 아이를 데리고 가 당장 치료를 받아야 한다고 분명히 말할 수 있었겠지만, 그때 어쨌든 병원에는 자리가 없으며 시 행정 당국의 관료주의는 평소처럼 죽음보다 훨씬 더 느리다는 말을 해야 한다.

따라서 아이의 외할머니가 청년 의사에게 무엇인가를 해달라고 부탁하면, 그는 먼저 이를 악물고 침을 삼키고는 자신은 도움을 주기 위해서가 아니라 스웨덴 기자에게 '요즘 사람들이 독일 열차를 타고 얼마나 멋지게 여행하는지' 보여주러 왔다고 말해야 한다. 누더기 해군 제복 차림으로 짚 더미에 누워 있는 어린 소년이 의사의 농담에 기분 좋게 웃는다.

그렇지만 우리가 도착했다는 소문이 열차 전체에 퍼져 나갔고, 어린이와 노인들은 밖에서 비를 맞고 선 채 마음을 졸이며 기다리면서 거센 파도처럼 우리에게 질문을 내던진다. 열차가 다시 선로에서 내보내질 것이며 기관사조차 이번에는 어디로 가야 할지 전혀 모른다는 말을 들은 사람이 있다. 승객들이 직접 삶을 살아갈 방법을 찾을 수 있는 시골

폴란드에서 서독으로 온 난민 어린이들. 1948.

로 열차가 가게 손을 써달라고 의사에게 부탁하는 사람이 있다.

"농부들이 사는 데에 있으라니." 화가 나 씩씩거리며 소리를 지르는 사람이 있다. "농부라면 진절머리가 나!"

굶주린데다 짚 더미에 누워 콜록거리는 아픈 어머니가 있는 사람도 있다. 그러나 약도 없이 위로의 말 몇 마디만으로 그녀를 만나러 가는 게 무슨 소용이 있을까? 호감이 가는 젊은 가족이 화차의 열린 틈 아래로 작은 아기를 내밀며 나에게 잠시 붙잡아달라고 부탁한다. 화차 안으로 들어온 찬바람 때문에 눈에 염증이 생긴, 몸집이 작고 얼굴이 파란 살배기다. 아이의 부모는 자랑과 걱정을 동시에 한다. 남편은 나에게 설명하는 데 매우 열중한다. 이 열차에 탄 사람 모두 어디에 책임이 있는지 알고 있는데, 결국 히틀러에게 있고 그 외에는 모두 죄가 없지만, 독일의 주 가운데 참상을 가장 적게 겪은 저 아래 바이에른의 행정 당국은 덜 몰인정하게 행동할 수 있었으며 적어도 에센 시 행정 당국에 기다릴 열차가 있었다는 사실을 알릴 수 있었다는 것이다.

"일은 높은 사람들이 맡지만, 고통을 받아야 하는 사람들은 언제나 우리랍니다." 화차 안쪽의 어둠 속에서 어느 기운찬 노파가 말한다.

베를린의 난민들. 1945.

어려움은 있지만 대체로 분위기가 좋다. 혼자서 고통을 겪을 필요가 없다는 걸 알게 되어 특히 교수대 유머를 구사하는 단합의 즐거움이 생겨났다. 화차 옆면에는 분필로 쓴 낙서가 빼곡하다. 아이러니한 맥락의 옛 오스트리아 병합 슬로건 '제국으로 돌아가자'와 '공짜 여행에 대해 회그너(바이에른의 사회민주당 소속 주 총리) 선생에게 감사드립니다', '이제 바이에른 농민들은 자기네 똥거름을 직접 나를 수 있습니다'라는 문구를 곁들인 소달구지 그림 등이다. 그리고 화차가 비를 막지 못한다는 사실을 알리는 악명 높은 안내판이 사방에 있다. 의사는 장갑 한 짝에 화를 실어 안내판을 내리친다.

"더는 화물 운송에 적합하지 않아요. 사람 전용입니다."

그리고 훨씬 더 비통한 어조로 말한다.

"동포를 내쫓는 동포들을 상상해보세요. 여기선 독일인이 독일인과 맞서고 있어요. 가장 끔찍한 일입니다."

이 열차의 발차 책임자가 독일인이라는 사실은 열차의 상태보다 더 의사를 비통하게 만드는 것 같다. 청년 의사는 비상시에는 나치즘도 국가적 필요에 따라 고려할 수 있는 보수주의 반파시스트다. 졸업 뒤 나치가 점령한 노르웨이에 군의관으로 갔던 그는 노르웨이의 산장에서 달빛을 받으며 즐겼던 멋진 스키 여행에 대해 이야기한다. 그의 말을 듣고 있으면 독일인들은 겨울 스포츠를 위해 노르웨이를 점령했다는 생각이 든다. 그런데도 나는 W 선생이 나름대로 괜찮은 사람이라는 생각을 떨치기 어렵다.

어쨌든 오늘날 그는 에센의 위생 상태를 청결히 하기 위해 연합군 군정청 당국을 받아들일 뿐만 아니라 충성스럽게 협력할 정도로 충분히 본데 있게 자랐고 충분히 정직하다. 하지만 나치즘이 아니라 승리의 시기에는 적절한 무자비함을, 패전에서는 충성스러운 위엄을 뜻하는 이상주의적 민족주의에서 자란 다른 많은 부유층 계급 청년처럼 그에게는 독일에서 일어나는 독일인을 향한 독일의 무자비함에 대한 경험이 끔찍한 충격이다.

바로 그런 면에서 지금 이 나라는 전례 없는 상황에 놓일 가능성이 있다. 독일인들 내부에서는 대규모 이익집단 간의 갈등이 아주 첨예해서, 사람들의 의식 속에 존재하는 반동 세력들로부터 그들이 효과적인 신민족주의 프로파간다를 실행할 수 있는 작전 기반을 어느 정도 빼앗아간다. 열차의 승객들은 대개 바이에른 농민과 바이에른 사람을 증오하고, 비교적 부유한 바이에른은 히스테리에 빠진 독일의 다른 지역들을 약간 경멸조로 본다. 도시 사람들은 농민들이 식료품을 암시장에 푼다는 이유로 농민들을 비난하고, 농민들은 도시 사람들이 시골을 돌아다니며 자신들을 약탈

한다고 주장한다. 동쪽에서 온 난민들은 러시아인과 폴란드인에 대해 원한을 품고 말하지만, 자신들이 불법 침입자로 취급될 뿐만 아니라 서쪽 사람들과 전쟁을 치르며 사는 처지가 된다. 서쪽의 억압적인 분위기는 고립된 폭력행위 말고 다른 데에서 폭발하기에는 아직 불분명하기만 한 증오의 감정들로 얽혀 있다.

열차에는 시내로 갔다가 이방인 차지가 된 자신들의 옛 아파트를 발견한 사람들이 많다. 그들은 비통해하며 짚더미에 앉아 있지만, 승강장에서는 두 노파가 서방 점령지역에 난 소문처럼 히틀러가 실제로 살아 있는지를 놓고 언쟁한다.

"그 개자식." 그중 나이가 많고 행색이 남루한 노파가 손으로 목을 그으며 말한다. "여기 우리한테 그놈이 있었으면 좋았을 텐데."

그러는 동안 스웨덴 적십자사의 활동가 몇 명이 네 살 미만 아이들에게 줄 분유를 가지고 왔다. 우리가 열차를 철저히 조사하기 시작할 때 분유를 받을 나이는 넘었어도 희망을 품은 아이들 한 무리가 말없이 뒤따른다. 닫힌 화차의 문이 열리더니, 흰 턱수염을 기른 남루한 가장이 어둠에서 나온다.

"아니요, 여긴 아이가 없어요." 그는 더듬거리며 말한다. "여긴 아내와 저만 있어요. 곧 여든이죠. 우린 여기 살아요. 그게 우리의 운명입니다. 우리 운명이 그렇습니다."

그리고 그는 기품 있게 문을 닫는다. 다른 화차에서는 정신적 충격을 받은 소녀가 휠체어에 앉아 있다. 얼핏 지나간 제복이 소녀의 끔찍한 기억을 일깨운 게 분명한데, 소녀는 갑자기 비명을, 느닷없이 터진 끔찍하게 날카로운 비명을 지르더니 개처럼 낑낑거리기 시작한다. 비가 쏟아지고 소년들이 맨발로 승강장을 조용히 뛰어다닌다. 문을 통해 밖에 매달린 난로 연통에서 나오는 연기가 버려진 조차장에 베일을 천천히 펼치는 모습이 보인다. 루르 전역의 절망은 납과 습한 추위로 된 잿빛 구름처럼 우리 머리 위에 있는데, 익숙하지 않은 사람은 비명을 지를 지경이다. 히스테리에 빠진 소녀의 휠체어를 누군가 들어서 내리더니 승강장에서 빙글빙글 돌린다. 비와 진흙 속에서 빙글빙글.

경쟁 상대

독일을 환자로, 반나치 혈청 주사가 절실히 필요한 유럽의 '환자'로 보는 건 편하면서도 의심스럽다. 그래서 독일이 어떻게든 나치즘에서 정화될 거라는 점은 의심스럽지 않지만 환자 이론은 오늘날의 독일에는 전혀 존재하지 않는 신비한 단일체를 전제한다는 이유로 의심스럽다. 물론 독일인들이 묘비 모양의 조그만 반나치 승리 기념비와 맞바람이 조금만 불어도 쓰러질 듯한 위협적인 대리석 무게로 자유의 작은 바리케이드를 모두 묻어버릴 기세인, 기념비 모양의 거대한 나치 묘비라는 두 진영으로 갈라져 있는 건 절대 아니다.

다양한 사회 계층 출신의 독일인들과 어울려봤다면, 동시대 독일인들의 생각을 잠깐 엿봤을 때는 부서지지 않는 단일체로 보였던 게 사실은 대각선과 수직과 수평의 균열들이 십자 모양으로 얽혀 있다는 걸 곧 알게 된다. 흔들리지 않는 단일체로 여기는 것은 일부 기본적인 견해에 대한 피상적인 합의일 뿐이다. 독일인들은 전쟁 포로 칠백만 명이 귀향해야 하며 귀향하는 포로들은 러시아 무기 공장과 프랑스 광산에서 돌아오는 독일인들보다 더 무거워야 한다고 (순전히 물리적으로) 생각한다. 점령지역 간의 경계는 전부 없어져야 하며, 만일 산업시설의 해체가 필수적이라면, 예를 들어 러시아인들에게 몰수당한 값비싼 기계 부속이 함부르크 항구의 바지선에 실린 채 녹슬어 망가지는 걸 뜻해서는 안 된다고 독일인들은 생각한다. 더구나 서방 점령지역의 독일인들은 각자 출발점은 다르더라도, 동쪽에서 서쪽으로의 대규모 난민 이동은 서방 연합국을 향한 러시아의 보이지 않는 일종의 압력이라고 본다. 러시아인들은 서방 점령지역이 극빈자로 가득 차도록 펌프질해서 효과 빠른 '궁핍화'를 실현할 수 있을 텐데, 이 궁핍화는 최고조 순간에는 서방 점령국에 엄청난 손상을 입힐 폭발을 일으킬 게 분명하다.

피할 수 없는 부자유에 대한 어떤 느낌이 독일인들에게 공통적이라는 점을 빼면 연합국에 대한 생각은 일치하지 않는다. 반면 강경 반동 집단에서조차 사람들은 모종의 저항에 대한 객관적인 근거는 없다고 여기는데, 수동적인 저항에 대해서도 마찬가지다. 실제로 독일인들이 자신들을

분해 후 소련으로 수송되는 독일 공장 기계들. 1946.

피점령자로 여기는 방식은 예컨대 프랑스인들의 방식과는 다르다. 점령국을 향한 대중의 경멸은 전혀 없고, 점령군 병사와 교제하는 여자를 향한 대중의 경멸도 거의 없으며, 지금까지 연합국이 시도했던 민주주의적 교육의 유일한 형태, 즉 독일 청년들을 좋은 야구 선수로 육성하려는 미국인들의 노력은 여기저기서 독일 청년들의 열렬한 관심을 받았다.

따라서 모든 사회 계급을 고속도로처럼 가로지르는 의견 일치를 확인하는 건 이곳 스웨덴에서 모더니즘 시와 세금 문제에 대한 의견의 차이가 없음을 확인하는 것만큼이나 꽤 쉬울 수 있다. 하지만 중요한 건 의견의 일치가 경쟁 관계에 있는 집단 간의 증오의 경계를 지우는 데는 아무런 기여도 하지 못한다는 점이다. 농민들과 도시 사람들 사이의 증오, 도시에 남은 사람들만큼이나 가혹한 궁핍에 시달리는, 도시를 떠나 시골로 온 가난한 사람들과, 지난가을에는 식량을 옷과 리넨하고 맞바꿨지만, 차츰 시골에서 옷에도 인플레이션이 생기자 감자와 달걀, 버터와 맞바꿀 금은과 시계를 원했던 농민들 사이의 훨씬 더 큰 증오에 대해 언급된 적이 있다. 또한 빈곤층과 서민의 계급 차이, 난민과 거주민 사이의 높아지는 격앙, 그리고 경쟁 당사자 사이의 무자비한 경쟁에 대해서도.

하지만 다른 어떤 반목보다도 더 숙명적일 반목이 있다. 이는 세대 간의 반목, 즉 청년층과 노동조합 지도부, 정당 집행부와 민주주의 기관의 임원진에서 청년을 배제하는 중년층 간의 상호적 경멸이다.

정치계와 노동계, 문화계에서 청년의 부재는 나치에 물든 청년이 민주주의의 과제에 관심을 가질 수 없다는 점에만 기인하지 않는다. 정당과 노동조합의 기성세대는 (사람들 말로는 하켄크로이츠[1]의 그늘에서 자라났다는) 청년의 손에 맡기려 하지 않고, 청년층에서는 (옛 민주주의 국가의 붕괴에 책임이 있는) 기성세대에게 맡기려 하지 않으며 둘은 권력을 둘러싼 헛된 투쟁을 벌인다. 청년의 패배는 점점 더 노인들의 문제로 여겨질 모든 민주주의적 조직에 대한 환멸적이며 운명적인 편견이라는 결과를 낳는다.

하지만 세대 투쟁에서 주목할 점은 기성세대의 대표자들이 나이가 아주 많다는 점, 그리고 대부분의 청년 대표자들이 더는 젊지 않다는 점이다. 노동조합에서는 60대 조합원을 향한 서른다섯 살 조합원의 전망 없는 투쟁을 목격할 수 있는데, 1933년 전에는 급진파 청년들이었으며 나치 시

---

[1] 나치의 상징으로 사용된 갈고리 십자가.

대 동안 변절하지 않았던 이 노인들은 나치즘 말고는 아무것도 알지 못하는 청년만큼이나 자신들의 생각을 주장하기 어렵다. 적어도 독일의 일부 지역에서는 정당과 노동조합의 위기를 말하는 게 전적으로 정당하며, 이런 위기의 주요 원인 중 하나는 1933년의 붕괴[2]를 겪었던 사람들이 늙고 떨리는 손으로 너무 빨리 방향타를 잡았다는 점이다.

나는 크리스마스 직전에 원로 사회민주당 정치인이자 바이마르 공화국 하원 의장이었던 파울 뢰베가 발언한 프랑크푸르트의 대규모 천막 집회에 참석했는데, 천여 명의 청중 중에 청년이 한 사람도 없었다는 건 아마 가장 비극적이라고 할 수 없을 것이다. 비극적이고 무서웠던 건 청중의 나이가 너무 많았다는 점이었다. 참석자의 팔십 퍼센트는 비탄에 잠긴 얼굴과 얼어붙은 미소를 가진, 아직 태어나지 않은 민주주의를 위한 투쟁의 영감을 받기 위해서가 아니라 추억을 위한 집회에 온 노인들이었다. 이들은 스피커에서 음악이 울려 퍼지는 행사장 주위에 서서 「인터내셔널가」를 웅얼거렸고, 십삼 년 동안 메말라 있었던 것 같은 목소리

---

[2] 히틀러가 총리에 임명된 후 의회를 해산하고 치른 바이마르 공화국의 마지막 총선에서 나치가 정권을 잡게 되었다.

를 둘러싼 싸늘한 침묵 속에서 나는 잃어버린 혁명과 그만큼 상실을 겪은 세대를 위한 박물관에 있다는 불쾌한 느낌이 들었다. 그리고 천막 바깥에는 청년들이 서서 풍자적인 문장으로 길을 알려주었다. '여기선 모든 게 오른쪽으로 갑니다!'

독일 청년들은 비극적인 상황에 놓여 있다. 이들은 창에 슬레이트를 못질해 덧대는 학교에, 쓸 것도 읽을 것도 없는 학교에 간다. 이 청년들은 세상에서 가장 무지한 사람들이 될 거라고 에센의 청년 의사는 말했다. 학교 운동장에 서면 청년들 앞에는 최악의 경우 화장실로 써야 하는, 무수히 많은 폐허의 전망이 펼쳐져 있다. 교사들은 매일 암거래의 부도덕함에 대해 설교하지만, 학교에서 집으로 돌아올 때 이들은 거리에서 먹을 것을 찾아내도록 자신과 부모의 굶주림에 강요당한다. 이는 끔찍한 갈등이 되고, 갈등의 해결 불가능성은 세대 간의 격차를 해소하는 데 기여하지 못한다. 동이 트는 민주주의 국가의 조직에서도 그런 청년을 발견하리라는 믿음은 어리석은 낙관론이다. 우리는 가장 적나라한 현실을 직시하고, 독일 청년에게는 강도 범죄 조직과 암거래 카르텔이라는 자체 조직이 있다는 사실을 인정해야 한다.

잃어버린 세대

 독일에는 잃어버린 세대가 '하나'가 아니라 여럿이다. 어느 세대가 가장 많이 잃었는지는 논쟁할 수 있지만 어느 세대가 가장 가련한가는 절대 논쟁할 수 없다. 스무 살쯤 되는 사람들이 기다릴 기차나 기다릴 무엇도 없이 깊은 어둠 속 소도시 역에서 빈둥거린다. 그곳에서는 붙잡히면 반항적으로 머리를 치켜드는 불안한 청년들이 저지르는 사소하며 될 대로 되라 식의 강도 미수나, 술 취한 소녀들이 연합군 병사의 목에 매달리거나 취한 흑인 병사와 대합실 소파에 늘어진 광경을 목격할 수 있다. 한 유명한 독일 출판인은 이들에게 바치는 청년세대에 대한 책에서 어떤 청년세대도 이 같은 운명을 경험한 적은 없다고 말한다. 이들은 열여덟에 세계를 정복했고 스물둘에 모든 걸 잃어버렸다.

 어느 밤 검게 타버린 건물 뒤에서 잃어버린 아름다움의 잔해를 어렵게 확인할 수 있는 슈투트가르트에서는 잃

슈투트가르트 전경. 1945.

어버린 세대 중 가장 가련한 청년세대를 위한 모임이 있었다. 백오십여 명이 들어갈 수 있는 작은 기독교 회관에서 열린 이 모임에서 나는 독일에 머무는 동안 처음이자 마지막으로 사회에서 일어나는 일에 무관심하지 않은 참가자들, 굶주린 얼굴과 남루한 행색의 창백하고 가난한 청년, 열렬한 목소리의 지식인 청년, 무서운 단단함이 얼굴에 깃든 젊은 여자들, 담배에 불을 붙이면 미국의 냄새를 풍기기 시작하는, 모피 옷깃이 달린 옷을 입은 부유하고 오만한 청년 등 열정적인 청년들로 이뤄진 청중으로 건물이 꽉 찬 모습을 보았다. 주최자인 슈투트가르트의 '청년 민주주의자' 대표는 키가 작고 창백한 노인을 환영했는데, 그는 슈투트가르트의 탈나치화 작업에 관여하는 변호사 중 하나였다.

"요즘 많은 청년이 불확실한 상태에 있습니다." 대표가 말한다. "히틀러 청소년단[1]의 단원이었거나 강제로 친위대에 입대했던 과거 때문에 현재 실직해 있는 청년들은 오늘 저녁 정화심판소(Spruchkammer)[2]를 대표해서 온 변호사 한 분에게 이런 청년에 대한 형벌 원칙이 정해졌는지 물어

---

[1] 1926년 나치즘 교육을 목적으로 설립된 나치 청소년 조직. 1936년부터 1945년까지 독일 청소년 전원이 강제 가입되었다.
[2] 독일 전역에서 나치 관련 혐의자를 판결했던 특별 심판소.

보고자 합니다."

연로한 변호사는 탈나치화 작업에서 자신들의 직무를 마지못해 수행하는 독일 법조인들의 전형을 대표하는 사람처럼 보인다. 그는 미국법이 적용된다는 점을 환기함으로써 자신의 껄끄러움을 강조한다.

"우리는 법조인입니다." 그가 말한다. "우리에게 침을 뱉진 마세요, 독일은 무조건 항복했고 연합국은 우리를 이용해서 자신들이 원하는 걸 할 수 있으니 시키는 대로 해야 합니다. 정화심판소를 방해해도 아무 소용없습니다. 설문지(일종의 이데올로기적 소득세 신고)[3]을 위조해도 소용없습니다. 미국인들은 누가 나치이고 누가 아닌지 알고 있어서 그렇게 하면 우리와 여러분의 처지만 더 어려워질 뿐입니다. 여러분은 우리가 꾸물거린다고 불평하지만, 슈투트가르트에만 십이만 명이 법정에 설 겁니다. 여러분은 나치즘에 이로운 행동을 한 죄가 있다는 느낌이 들지 않더라도 선고를 받을 거라 항의하며 편지를 씁니다. 제 대답은 이렇습니다. 여러분은 총통에게 무조건적인 믿음과 복종을 다짐했어요. 그건 나치즘에 이로운 행동 아니었나요? 여러분은 알지 못하는 자에게 맹목적인 복종을 맹세했어요. 여러분은 당비

---

3 정화심판소 판정 대상자에게 나치와의 관계를 묻는 설문지.

로 연간 사백 마르크를 냈어요. 그건 나치즘에 이로운 행동 아니었습니까?"

그러자 성난 청년이 느닷없이 변호사의 말을 끊는다.

"하지만 히틀러는 전 세계가 인정한 사람이었어요. 정치인들이 여기 와서 조약에 서명했고요. 히틀러를 가장 먼저 인정한 사람은 교황이었어요. 저는 교황이 히틀러와 악수하는 사진을 봤어요."

변호사 저는 교황을 정화심판소에 세울 순 없습니다.
젊은 학생 아무도 우리를 도와주지 않았어요, 지금은 입만 살아 있는 교수들도요. 이제 우리에게 선고를 내릴 당신네 법조인들도요. 제가 법조인입니다. 법조인으로서 저는 기성세대를 고발하겠습니다, 나치즘을 침묵으로 지지한 죄로 말입니다.
젊은 병사 병사들은 모두 총통에게 복종을 맹세해야 했습니다.
변호사 하지만 나치 당원들은 자발적으로 그렇게 했지요.
병사 책임은 우리 청년들에게 있지 않습니다.
변호사 지금까지 무조건적 복종의 의무에 서명하라고 당원에게 요구한 정당은 독일에 전혀 없었습니다.
성난 목소리들 없었다고요? 변호사님! 그렇다면 오늘날의 민주주의 정당들을 보시지요! (실제로 이 청년들은 당원 자격에 지도자에 대한 복종 의무가 무조건 수반된다고 굳게 믿는다.)

변호사 여러분, 그 일은 오늘날 육 개월 징역형을, 공무원은 최대 오 년 징역형을 선고받을 수 있는 수치스러운 행위이자 용서받지 못할 일이며 처벌받을 행위입니다.

성난 목소리들 아무도 우리에게 그런 말을 하지 않았습니다. 그때 우리는 열네 살이었습니다, 변호사님.

변호사 저는 여러분보다 경험이 더 많은 사람들과 이야기를 한 적이 있는데, 그들은 이렇게 말했습니다. '저는 이런 일이 일어날 수 있었다는 게 무섭습니다.' 복종 의무에 서명했던 이들 모두 생명이 위험한 상황에 놓였던 겁니다. 여러분은 연합군이 여기에 온 걸 고맙게 생각해야 할 겁니다. 혁명이 일어나서 여러분의 머리를 잃어버렸으면 더 나았을까요?

부자 청년 그렇다면 사람에겐 비타민이 필요 없겠습니다, 변호사님!

변호사 하지만 전직 국가사회주의자에게 현행법은 행운입니다. 이 법은 책임을 면제받지 못한 청년을 고려하기 때문에 너그럽습니다. 창에서 떨어지는 화분을 책임지는 것과 똑같은 방식으로 책임을 지는 청년 말이지요.

학생 변호사님, 침묵했던 기성세대에게는 자식을 굶어 죽게 방치한 어미처럼 우리의 운명에 책임이 있다고 말씀드리겠습니다.

변호사 여러분 중 1919년 이후에 태어난 사람들은 폭력과 같은 중죄를 저지르지 않았다면 사면받을 수 있다는 사실을 알고 있을 겁니다. 우리 기성세대는 역시 나치즘이 청년을 어설프게 다루지 않았다는 사실을 인정해야 합니다. 히틀러 청소년단 시절을 즐겁게 되돌아보는 청년들이 있습니다. (동의하는 소곤거림) 독일뿐만 아니라 터키와 스페인과 이탈리아에서도 독재 정권이 있었다는 사실을 기억해야 합니다.

"변호사님, 러시아를 잊지 마세요." 누군가 외치더니 러시아 정치에 대한 처칠의 연설 한 편을 글자 그대로 인용한다. "독재에서는 심지어 나치도 상대가 되지 못했다."

변호사 현행법은 모든 독일인과 관계가 있습니다. 고작 이천 마르크 벌금으로 끝낼 일이 아닙니다. 청년들에게도 정신적 변화가 요구됩니다. 더는 '우리는 아무것도 할 수 없다'고 말하지 마세요, 아무리 여러분보다 대우가 더 나빴던 청년들이 없었더라도요.

중년의 전직 친위대원 오늘 밤 처음으로 분별 있는 말이 나왔군요!

변호사 청년세대와 기성세대는 같은 배에 타고 있습니다. 우리에게 일어설 기회가 있을까요?

청중 우리에게는 기회가 있습니다. 청년을 통해서요.

변호사 파리의 정치인들, 아무것도 바로잡지 않고 달음박질하며 회의만 전전하는 이들이 우리를 도와줄 수 있다고 생각하나요? 우린 스스로 도와야 합니다. 인내심을 가져야 하죠. 여러분, 1933년 독일에만 실업이 있었던 건 아니지만, 우린 기다릴 시간이 없었습니다. 재건은 인내를 요구하기 때문에 이제 우리는 인내를 배워야 합니다.

대표 변호사님, 청년들이 히틀러 시대에 재건 의지가 넘쳐났다는 생각은 안 하시나요!

전직 친위대원 변호사님, 우리는 이상주의자였어요. 우리는 친위대원에 대한 사면을 요구합니다. 여기 있는 사람들 모두 어떻게 친위대가 되었는지 압니다. 누군가가 말했습니다. "카를, 자네는 키가 백팔십 센티미터니까 친위대에 가야 하네." 그리고 카를은 친위대에 갔습니다. 모두 조국을 위해 싸우고, 그렇게 하는 것은 존중받을 가치가 있다고 여깁니다. 왜 우리가 조국을 위해 싸웠다는 이유로 처벌을 받아야 합니까?

변호사 우리 법조인들은 직업상의 의무에 따라야 합니다. 탈나치화법은 우리의 고용주이지요. 저도 나치에 물들었던 사람이라고 생각하는 것 같습니다. 제가 살던 집은 미국인들이 접수했고, 세간 역시 그렇습니다. 그러니 탈나치화법에 항의하세요, 정화심판소에 뭐라 하진 마세요. 우리 기성세대는 여러분보다 훨씬 편하게 살지 못했다는 사실을 기억하세요. 십이 년 동안 우리는 강제 수용소에 한쪽 다리를 걸치고 살았고 최근 육 년 동안은 폭격의 위협이 밤낮으로 머리 위에 있었지요. 청년뿐만 아니라 모든 독일인이 앓고 있어요, 인플레이션과 배상금 지급 문제, 실업과 히틀러주의에 앓고 있어요. 스물다섯 살인 사람들에게는 너무 버겁지요. 우리 법조인들에게 회복을 위한 처방은 없어요. 우리는 오직 한 가지 일만 할 수 있어요. 법의 가장 관대한 가능성을 적용해 보는 일, 형벌이 가장 무거운 사람들을 형벌이 가장 가벼운 축으로 집어넣는 일입니다. 그리고 여러분, 우리는 우리가 할 수 있는 일을 하고 있다고 확신하세요. 우리는 청년을 위해 모든 일을 하지만 무엇보다도 법조인이며 항복 조건에 따라 탈나치화에 관여하지 않을 수는 없습니다.

독일 보름스에서 가두 행진을 하는 히틀러 청소년단. 1938.

그리고 듣기 좋게 변명하며 나이 든 변호사는 발언을 마쳤다. 그는 토론 없이 지금까지 계속 개회사를 해야 했지만, 잘 짜인 연설에 몰아치듯 끼어들어 조각내버린 격렬한 반대를 견뎌낼 수 없었다. 이 정중하고 예의 바른 사람이 흥분한 청년들에게 평소처럼 품위 있게 대항할 엄두를 내지 못한 모습을 관찰하는 건 대단히 흥미롭다. 사실 기성세대 내부에서 청년에 대한 순전히 신체적인 두려움이 자주 발견되는데, 이는 정계와 공직사회의 노인들이 안전거리에서 청년을 매우 제한적으로 다루는 이유를 설명해준다.

이어지는 토론에서 청년들은 유혈이 낭자했던 1929년 5월 1일[4]과 좌파 정당 사이의 피 튀기는 참극을 이야기하는 나이 든 전직 친위대원에 심드렁하다. 학생이자 법조인인 청년에게는 특별한 문제가 있었다. 그의 오명은 십 년 전에 있었다. 1936년 스물세 살에 나치 당원이 되었지만, 해가 갈수록 성숙해져 '자체 탈나치화'를 했는데도 지금 법정에 출두하게 되었다. 변호사는 당연히 청년들 모두 개별적으로 처리되는 편이 바람직할 테지만 지금으로선 할 수 있는 일이 없다고 대답했다.

---

4   독일 공산당이 주최하는 노동절 집회를 금지하는 베를린 경찰과 공산당 간의 유혈 충돌이 있었던 날로, '블루트마이(Blutmai, 피의 오월)'로 불린다.

학생 청년 법조인들은 강제로 입당했습니다. 만일 입당을 거부했다면 누가 우리를 도와줬을까요? 헤센의 많은 청년 법조인들은 지금 가족들과 거리로 나앉아버렸고 되지도 않을 구직을 해야 합니다. 청년이 없이는 민주주의도 없는데, 우리를 이렇게 취급한다면 민주주의 국가를 위해 뭔가 하려는 열의를 잃을 겁니다.

이 대목에서 부자 청년은 얼굴이 밝아지며 "브라보!"를 외친다. 변호사는 오직 일급 피의자, 즉 전쟁범죄자만 자격상실로 처벌받는다고 젊은 동료를 위로하지만, 한 젊은 여자가 반론을 제기한다. 아마 과거에 나치 당원이었을 고용주들이 구직자가 청년 나치 당원이라는 말을 들으면 경멸적인 태도를 보인다는 주장이다. 이런 고용주들은 새로 도입된 경제평의회를 두려워하는데, 이 평의회는 산업 민주주의를 대표하며 그녀의 주장으로는 정화재판소보다 훨씬 더 나쁜 곳이다.

그리고 분명히 그녀의 말이 맞다. 탈나치화, 정화심판소가 가족의 친구라는 애처로운 이중 역할을 하는 이런 희극, 그리고 판결이 내려지기 전에 피의자에게 심판소 소속 변호사가 사과하는 심판소가 있었고 종이가 부족한 독일에서 피의자가 결백을 주장하며 진술서를 백 부나 가져오는 일이 있었다. 실제로 대형 사건들이 무대의 비밀 문으로 사라지는 동안, 무의미하며 사소한 사건 수천 건을 처리하는 거대한 관료제에 독일 전체가 웃거나 울고 있다.

슈투트가르트의 밤으로 사라지는 청년세대는 과거 어느 때보다도 더 나쁜 운명에 처해 있다. 오늘 저녁 연기했던 작은 연극에서 아마 자신들에 대한 진실도, 자신이 의지를 갖고 참여했거나 아니면 의지에 반해 참여했던 사건의 진실도 말하지 않겠지만, 한 가지는 확실하다. 청년세대가 자신들을 어떻게 생각하는지, 그리고 폐허의 벽에 슈투트가르트 정화심판소 습격범을 체포할 수 있는 정보를 제공하는 사람에게 현상금 오만 마르크를 지급하겠다는 내용이 적힌 크고 붉은 현수막이 걸린 음울한 초겨울, 사람들은 두려움과 멸시의 대상이 되는 세대를 어떻게 생각하는지 진실을 말해줬다는 점 말이다.

정의의 과정

전후 독일에는 즐거움은 부족하지만 오락은 부족하지 않다. 영화관은 대체로 밤의 어둠이 쳐들어올 때까지 종일 만석으로 운영되며, 수요를 충족하기 위해 입석제가 도입되었다. 미국의 군국주의 전문가들이 독일 문학의 군국주의적 경향을 돋보기로 찾는 동안 연합국은 영화관의 상영 프로그램에 전쟁 영화를 넣는다. 극장에는 북부 유럽의 최고 레퍼토리와 세계에서 가장 굶주린 관객들이 있을 텐데, 위생 점검을 목적으로 연합군 군사경찰이 저녁마다 두세 차례 급습하는 무도장에는 사람이 넘쳐난다. 하지만 재미있게 놀려면 비싸다. 극장 입장권은 저렴한 시간과 적잖은 돈이 든다. 공짜 오락은 극히 적고 즐길 수 있는 곳에서 즐겨야 한다.

미국 점령지역 내 여러 곳에서는 정화심판소 법정 심리, 즉 탈나치화를 위한 특별 심판소의 법정 심리를 방청하는 게 꽤 자주 활용되는 오락이다. 바스락거리는 샌드위치 꾸러미를 들고 와서는 좀처럼 지칠 줄 모르는 눈, 바로 코앞에서 소송이 잇달아 펼쳐지는 광경을 한결같은 관심을 가지고 보는 남자는, 폭격으로 절반은 부서진 법원 청사 안쪽의 휑한 법정을 찾는 단골손님이다. 그곳에는 보통 정의가 둘러싸이기 좋아하는 가학적 우아함의 흔적이 전혀 남아 있지 않다. 샌드위치를 든 방청객이 결정적 정의의 때늦은 승리를 만끽하러 법정에 온다고 믿는다면 옳지 않다. 그는 무대 예술의 욕구를 달래러 온 연극 열광 팬일 것이다. 심리가 최고의 순간에 이르렀을 때, 모든 참여자가 충분히 흥미를 선사할 때, 정화심판소 법정 심리는 마음을 사로잡는 훌륭한 한 편의 연극이다. 과거에서 현재로 빠르게 전환되며, 재판과 관련 있는 십이 년 동안 피고인이 했던 사소한 행동 하나도 그냥 지나치지 않는 끝없는 증인 신문을 통해 이 연극은 실제로 응용된 실존주의 같다. 온 국민의 개탄스럽거나 끔찍한 기억에 대한 탐색이 펼쳐지는 꿈과 비현실이 만들어내는 분위기는 또 다른 문학적 연상을 부여한다. 반쯤 다시 쌓은 창, 완전히 휑한 벽, 싸늘한 백열등 그리고 폭격에 부서지고 변변치 못한 가구로 꾸며졌으며, 부서진 지붕 아래 높은 곳에 자리한 이 법정들은 『소송』이 전개되는 황폐한 다락방 사무실의 현실을 그린 삽화처럼 보인다. 이곳에

함부르크 인근 영국군 관할 구치소에서 설문지를 작성하는 사람들. 1945.

서 사람들은 『소송』에 나오는 카프카의 환상적인 법정 세계로 들어와 있다는 상상을 한다.

탈나치화 같은 근본적으로 심각한 일이 사실상 연극평론가를 위한 행사가 된다는 점이 이 상황의 특징이다. 하지만 물론 이방인에게는, 보통 최대 몇 시간이면 결론 나는 이 짧은 소송들이 히틀러 시대의 상황, 나치가 되었던 사람들의 동기와 그렇게 되지 않은 사람들의 용기에 대한 이미지를 드물게 선명히 제공함으로써 특별한 관심을 불러일으킨다. 증인 신문에서는 공포의 시대에 불었던 싸늘한 바람이 흘러나오며, 지금까지는 보이지 않았던 한 편의 역사가 짧고 격앙된 몇 분 동안 소생되어 으스스한 법정에 전율을 일으킨다. 그렇다, 도마뱀의 시대를[1] 겪지 않았던 사람에게 법정 소송은 지독히도 사실 기록적인 흥미는 있지만 탈나치화의 수단으로는 쓸모없다. 우리는 이에 대해 만장일치하는 독일의 여론에 동의해야 한다.

즉 탈나치화라는 형태 안에 있는 터무니없고 불쾌감을 일으키는 것에 대한 애처로운 합의가 있다. 과거 나치였던 사람들은 야만적인 집단 처벌에 대해 분개한다. 다른 사

---

1 다게르만은 장편소설 『심판받은 사람들의 섬』(1946)에서 인간의 잔인함과 냉혹함의 상징으로 도마뱀을 사용했다.

람들은 어쨌든 수백 마르크 벌금은 야만의 극치가 아니라고 생각하지만, 거물들은 활보해도 되면서 피라미 당원들을 대상으로 이 거대한 장치를 계속 작동시키는 건 노동력 낭비라고 생각한다. 컨베이어 벨트를 이용한 대규모 생산 방식은 필연적으로 탈나치화 원칙 자체에 조롱이 담긴 위험한 분위기를 들어붓는 데 일조한다. 공산당은 팔라다[2]의 소설 『소시민은 이제 어쩌지?』를 희화화한 문구 '소당원은 이제 어쩌지?'를 이용해 선거 선전을 하고, 나치당의 피라미들을 겨냥해 탈나치화에 대한 그들의 불만을 모으려 한다. 게다가 일상 언어에서는 심판소 이름이 더는 정화(淨化)심판소가 아니라, 번갈아 가며 파훼(破毁)심판소였다가 일화(逸話)심판소였다가 한다.

하지만 심판소의 일화는 그래서 지난 십이 년의 역사에 대해 약간의 진실을 알고자 하는 사람에게는 흥미로울 수 있다. 어느 날에는 키 작은 국민학교 교사로 시작해 부패한 나치 간부로 끝난다. 이때만큼은 프랑크푸르트의 정화심판소가 세간의 평판보다 좋다. 물론 자신의 직업을 부끄러

---

[2] 한스 팔라다(Hans Fallada, 1893-1947). 나치 체제하에서도 망명하지 않고 남아 작품을 썼던 독일의 당대 인기 작가.

위하지 않으며, 피고인에게 상징적으로 머리를 조아리며 조심스럽게 말하지 않는 판사가 그곳에 있기 때문이다.

죄가 덜한 피의자로 소환된 국민학교 교사는 돌격대(Sturmabteilung)[3] 소속이었지만 그 점 말고는 상당히 내성적이다. 질문마다 주일학교 학생처럼 대답하는, 키가 작고 창백하며 예의 바른 사람이다. 그는 어린 시절 가난하고 우울했고, 늘 국민학교 교사가 되기를 열망했다고 말한다. 나치즘이 도래했을 때 이미 열망을 거의 이뤄가고 있었고, 의무에 충실하게 나치 조직의 일원이 되어 꿈을 이룰 것인지 아니면 미래를 포기할 것인지 비통한 선택에 직면했다.

"많이 망설였지만 아버지와 오랜 의논 끝에 나치 조직에 들어가기로 결정했습니다."

"하지만 왜 하필 돌격대였습니까?"

"제 생각엔 돌격대가 가장 무고했기 때문입니다."

"갈색단에게 길을 열어라![4] 피고는 그걸 무고라고 보는 겁니까?" 판사가 묻는다.

하지만 피고인에게는 자신의 결백을 증언해줄 증인이

---

[3] 이탈리아 파시스트당의 검은 셔츠단을 모방한 나치의 준군사 조직. 제복의 색 때문에 갈색 셔츠단으로 불렸다. 1945년까지 나치의 최대 조직이었으며, 전시 중에는 국방군 보조 임무를 맡았다.
[4] 1930년부터 1945년까지 나치의 당가였다.

여섯 명 있다. 그가 나치의 사고방식을 드러내는 걸 전혀 들어보지 못했다고 말하는 증인들, 그가 외국 라디오 방송[5]을 들었다고 (기소자 전원이 그랬다) 진술하는 증인들, 유대인에게 친절히 대하는 걸 봤다는 유대인 증인들(기소자 전원에게 그런 증인이 있으며, 한 사람당 이삼백 마르크가 든다)과 물론 참석한 적은 없어도 그의 수업에 대해 잘 알고 있는 교장이 있다. 끝으로 그는 진실하고 희생적이고 양심적이며 책을 아끼고 어린이와 개에게 친절하다고 말했다가 판사가 무뚝뚝하게 그런 말은 재판과 무관하다고 지적하자 울음을 작게 터뜨리는, 직업전문학교 도서관에서 온 소녀도 있다. 그렇지만 국민학교 교사의 가장 중요한 무죄 사유는 교회 활동이 의심을 받는 시국에도 일 년 동안 성가대를 지휘했다는 사실이다. 검사는 피고인에게 판결이 유리하도록 직접 개입했고, 이 소송은 종결되었다.

그 후 샌드위치를 든 방청객이 딴 데 정신이 팔릴 정도로 관심이 떨어진, 전형적이고 판에 박힌 사건 두 건이 이어지는데, 뮐러와 크라우제라는 피고인의 이름만큼이나 흔한 소송이다. 직장에서 뮐러 씨는 실패한 나치 노동운동의 지

---

5   전쟁 중 청취가 금지되었던 연합국의 라디오 방송.

도자였다. 수년 동안 몹시도 미미한 성공을 거두는 데 그친 나치들은 이 운동에 생기를 불어넣으려 했으나 성공하지는 못했다. 그런데 증인들은 어쨌든 뮐러 씨는 공갈로 선동하지 않았다고 진술한다. 하지만 그는 노동조합 제복을 두 번 입은 적 있었고, 그중 한 번은 성탄절이었다. 더구나 물론 외국 라디오 방송을 들었으며 어느 유대인 가족에게 친절했다. 이천 마르크를 배상하라고 선고된다. 또한 노동조합 제복을 몰수하라는 선고도 내려지고, 한층 더해 피고인에게 정장 한 벌과 구두 한 켤레가 벌금형으로 부과된다.

크라우제 씨는 외국 라디오 방송을 들었으며 유대인 사촌이 있었다. 1940년에야 당원이 된 크라우제 씨는 회계원으로, 키가 작고 기침이 잦다. 코에 불안하게 걸린 안경이 탁자를 향해 끊임없이 내려갈 때마다 그는 다시 올려 쓴다. 크라우제 씨는 은행 경영진, 은행 동료, 이웃, 자신을 치료했던 의사, 이혼을 처리했던 변호사한테 상세한 증인 진술서 열여섯 부를 받았다. 공판이 천천히 잠에 빠지고 법정 뒤에서 샌드위치 포장지가 바스락거리는 소리만 들릴 동안 크라우제 씨는 콧소리 섞인 졸린 목소리로 진술서를 모두 읽는다.

크라우제 씨는 왜 1940년에 나치가 되었는가?

진술서에 따르면 1930년부터 나치즘의 도래에도 중단

되지 않고 이어진 이혼 소송 때문이었다. 1939년에는 가난한데다 위궤양까지 앓고 있었다. 1940년에는 절망의 낭떠러지로 이끌렸고, 나치당에 줄을 대던 동료들이 승진했을 때 자신은 제외되면서 싫은 걸음을 내딛기로 결정했다.

판사는 그의 말을 끊는다.

"크라우제 씨, 아마도 1940년 프랑스가 패배하자 승자에 동조하는 편이 낫겠다고 판단했던 거 아닌가요, 그러면 급여가 현저하게 더 높은 지위가 보장될 테니까요."

아니다, 당연히 그렇지 않았다. 크라우제 씨는 부당이득자가 아니며, 표면상의 승리에서 이익을 얻으려 하지 않았다. 그렇다, 표면상. 사람들은 외국 라디오 방송을 들었을 것이다. 더구나 크라우제 씨는 분명히 승진했지만 동부 전선의 은행에서 근무해야 했다. "그리고 재판장님, 저처럼 배가 시원찮은 사람을 위해…" 아니다, 크라우제 씨는 병들고 가난했을 뿐이며, 재난을 막으려면 무슨 일이든 해야 했다. 그 외에는 증인 진술서 열여섯 부를 참조하시오.

그러는 동안 크라우제 씨의 변호사는 두툼한 법령집을 뒤적인다. 그는 의기양양한 미소를 지으며 드디어 발언을 요청한다. 아마도 증인 진술서에는 명시되지 않았겠지만, 사실 크라우제 씨는 여전히 같은 은행의 직원이며, 이 은행은 현재 점령국을 위해 일하고 있는데, 탈나치화 법에 따르면 군정에 고용된 독일인은 나치 혐의로 기소될 수 없다.

"재판장님, 미국인들이 자신들의 직무에 더구나 그런 중요한 자리에 미심쩍은 사람을 고용하는 게 타당하겠습니까?"

법정이 조용해지더니 죽음의 침묵에서 두껍고 불투명한 검열의 막이 천천히 떨어져 법정 심리 위로 부드럽게 내려앉는다. 안경을 코에 단단히 고정하고, 타자기로 작성된 증인 진술서 열여섯 부를 한데 모아 번쩍이는 서류 가방에 넣고는 조금 불안하며, 겸손하고, 언제나 선뜻 남을 돕는, 이혼 경력이 있고 배가 시원찮은 피네베르크[6]이자, 재판장과 배석 판사와 변호사와 검사에게 허리 굽혀 인사하고는 1924년, 1933년과 1940년,[7] 그리고 스탈린그라드 근처에서 보낸 1942년처럼 1947년 은행 출근이 너무 늦어질까 두려워하며 서둘러 법정을 나가는 키 작고 친절한 새우등 남자 크라우제 씨의 소송은 재빨리 끝나게 된다.

하지만 그다음은 지네 씨 차례인데, 그는 친절한 사람이 아니다. 지네 씨는 일흔셋이다. 연약하고 백발이며 인형

---

6 팔라다의 소설 『소시민은 이제 어쩌지?』의 주인공.
7 1924년은 히틀러가 나치의 절대 지도자로 등극하는 전환점의 해였고, 1933년은 나치 집권의 해, 1940년은 프랑스 점령의 해였다.

처럼 머리가 작은 그는 거의 정년퇴직한 천사같이 생겼다. 하지만 지네 씨는 천사가 아니다. 지네 씨는 나치 활동가로 법정에 소환되었다. 그는 프랑크푸르트에서 구역 당 조직의 반장이었으며, 유대인에게 친절했다거나 영국 라디오 방송을 들었다는 진술서는 지네 씨에게 아무 소용이 없다. 법원에는 지네 씨가 "내 구역에는 유대인이 없어야 한다"라고 말했다는 진술서가 있다. 만일 유대인 손님에게 먹을 걸 판다면 상부에 신고하겠다며 그의 구역에 있는 상점 주인들을 위협했다고 말하는 증인들이 있다. 폐점한 뒤에야 비로소 유대인들은 물건을 사기 위해 뒷길로 살금살금 걸어 들어갈 수 있었다. 한 여자 증인은 지네 씨가 그녀의 유대인 친구 집 문에 있는 우편물 투입구에 귀 기울이는 모습을 자주 목격했다. 발코니에서 지네 씨 집의 창문이 보이는 집에 사는 마이어 씨의 아들은 어느 저녁 유대인 소녀와 함께 발코니에 서 있었다. 다음 날 마이어 씨는 지네 씨가 발코니에 유대인이 있어서는 안 된다고 소리 지르는 걸 들었다.

진술이 이어지는 동안 지네 씨는 증인들 사이에 앉아 청설모 같은 두 눈을 움직이고 있었는데, 아마도 착시 탓이겠지만 사람들은 느닷없이 싸늘한 공포의 막이 지네 씨를 둘러싸고 있다는 생각이 들고, 바싹 마른 노인의 몸뚱이는 차가운 전율을 일으키며 십 미터 거리의 방청객을 꿰뚫을

듯한 죽음의 빛을 내뿜는다.

유대인 증인이 다음과 같이 말한다.

"지네 씨의 구역에는 나치당 고위 간부가 살았지만 그는 전혀 두렵지 않았습니다. 하지만 지네 씨는 두려웠습니다. 그는 나치 고위층은 아니었지만 묵묵하고 충실하며 끔찍할 정도로 효과적인 톱니바퀴였습니다. 나치라는 기계는 그 톱니바퀴가 없었으면 단 하루도 돌아가지 못했을 겁니다."

지네 씨가 천천히 일어선다.

"콘 씨, 당신은 항상 저에게 아주 친절히 인사했습니다." 지네 씨는 유쾌하게 말한다. "불만이 있는 것처럼 전혀 보이지 않았습니다."

"지네 씨." 재판장은 온화하게 말한다. "저는 많은 이들이 당신이 두려워서 정중히 인사했다고 확신합니다."

"나를 두려워했다고? 이런 정신 나간 늙은이를 봤나!"

"이 노인의 얼굴을 봐주십시오." 지네 씨의 변호사가 애절하게 외친다. "누군가를 놀라게 할 수 있을 것처럼 보입니까?"

여자 증인 하나가 히스테리를 일으킨다.

"오히려 지네 씨의 구역에 살았던 유대인 노신사들의 얼굴을 생각해보세요." 그녀가 소리쳤다.

지네 씨는 전부 거짓이라고 해명하는데, 문제의 발코니는 자신의 집 창에서는 보이지 않고, 자신의 구역에 유대인이 없어야 한다는 말을 한 적이 없으며 상점에서 누군가 장보는 걸 금지한 적이 없다는 것이다. 공판은 한 주 연기되었는데, 그때 상점 주인들이 증인으로 소환될 것이었다. 지네 씨는 홀로, 과거의 어느 지점에 시선을 고정한 채 등 뒤에서 웅성거리는 경멸에 맞서 칠십삼 년이나 된 유치한 이마를 오만하게 쳐들고 자리를 떠난다.

발터 씨의 소송 건은 단순하지만 흥미롭다. 그는 들어오자마자 탁자에 지팡이를 던지며 헤센 주 정부를 부패했다고 비난하는 내반족(內反足) 거인이지만, 판사의 제지에 가차 없이 입을 다문다. 발터 씨는 나치 위원회 사무직원이었다가 밀고죄로 기소되었지만, 흥미로운 점은 1946년에도 같은 위원회 소속이었다는 점과 헤센의 농장을 살 여유가 1946년에 있었다는 점이다. 발터 씨는 굶주림의 나라에서 한 번도 굶지 않은 것 같은 뚱뚱하고 어리석은 말 장수 바워 씨에게 고발당했다. 곧 말 장수의 고발 동기는 사람들의 추측처럼 고결하지 않았던 것으로 드러났다. 두 신사는 익명의 미군 소령이 불법으로 팔아먹은 귀리 한 수레에 사이가 틀어졌을 뿐이었다. 다음 날 소령의 존재에 대해 신문은 당연히 한 마디도 내뱉지 못했다. 그때 말 장수는 갑자기 경쟁 상대의 나치즘을 기억하고는 그를 고발했다. 소송은 증인 부족으로 연기되었지만, 판사는 말 장수를 향한 빈정거림 섞인 논평을 단념할 순 없다.

"예전 지배자들이 상대하기 더 쉬웠죠, 그렇지 않습니까?"

하지만 말 장수는 태연히 대답한다.

"재판장님, 새로운 지배자들도 괜찮습니다."

그의 말대로 그 점은 사실이며, 위원회와 결정 기관의 새로운 지배자들이 선입견이 족히 없는 사람에게, 어떤 수단으로든 제 배 불리는 기술을 구사할 수 있는 사람에게 괜찮다는 사실은 절망적이고 어리석으며 비극적이다. 나치즘의 희생자에게는 상황이 더 어려운데, 어디에나 장애물이 있기 때문이다. 그들에게는 기차 좌석에 앉을 권리와 줄에 먼저 설 권리가 있지만, 권리를 누리는 일은 감히 꿈도 꾸지 못할 것이다. 하지만 발터 씨와 바워 씨에게는 대체로 미국 국적이며, 정화심판소의 슬픈 무대에 구원의 비밀 문을 마련해놓은 신의 가호가 있다.

뮌헨의 어느 추운 날

1

해가 싸늘한 뮌헨의 어느 초겨울 일요일. 세계 문학의 가장 불행한 영웅 중 한 명[1]이 한때 베네치아에서의 죽음을 향한 여정을 시작했던 긴 프린츠레겐텐슈트라세는 몹시 추운 아침 햇빛을 받으며 황량히 있다. 폭격을 당한 도시의 쌀쌀한 아침, 인적 없는 거대한 거리만큼이나 쓸쓸하고 황량한 건 세상에 없다. 이자르강의 다리로 가는 기념비적인 완만한 내리막길 두 개가 프린츠레겐텐슈트라세를 갈라놓고, 히틀러가 프린츠레겐텐플라츠의 집에서 바라봤을 평화의 천사[2]의 금빛 표면에서 해가 빛난다. 옛 공사관의 정원에는 쓰러진 기둥이 가득하다. 운동 경기장의 갓 얼어붙은 빙판

---

[1] 토마스 만의 중편소설 『베네치아에서의 죽음』(1912)의 주인공인 뮌헨 출신 작가 구스타프 폰 아셴바흐.
[2] 프로이센-프랑스 전쟁 뒤 이십오 년 동안 이어진 평화를 기념하기 위해 뮌헨 이자르강 근처에 세워진 기념상.

에는 일찍 잠에서 깬 미국인 몇몇이 스케이트를 타고 있지만, 초록빛 이자르강은 평소처럼 초록빛이며 다리 저 멀리 아래에 있는 제방은 폭탄 몇 발에 퍼즐처럼 되어버렸다.

더러운 지프가 긴 거리를 따라 흔들거리며 간다. 그곳에는 폭격에 잘 구워진 폐허의 정면 사이에 근엄한 주 정부 청사가 있다. 주 총리 회그너 박사는 매일 몇 시간씩 두 번이나 바이에른을 파멸로 이끌었던 프로이센에 다시는 그런 기회를 줘서는 안 된다는, 사람들에게 인기 있는 의견에 따라 바이에른이 독일의 다른 지역과 관계를 끊게 만드는 일을 생각 중이다. 대피했던 하노버와 함부르크 또는 에센 시민들을 고향의 지옥으로 냉혹하게 돌려보내는 바이에른은 물론 이기적이고 비정하며 냉정한 곳이지만, 온전한 진실은 아니다. 적어도 진실의 사분의 일은 바이에른이 다른 지역과 유대를 느끼지 않는다는 점이며, 통념과는 달리 바이에른에서 나치즘에 대한 작지 않은 소극적 저항이 있었다는 점이다.

하지만 프린츠레겐텐슈트라세에서 멀지 않은 곳에 폐허가 된 브라우네스 하우스(Braunes Haus)[3]가 있다. 1923년 뮌헨에서 최초로 유혈 히틀러 쿠데타가 있었던 맥주홀 뷔

---

3 1930년부터 1945년까지 나치당사였지만 연합군의 폭격으로 무너졌다.

르거브로이켈러(Bürgerbräukeller)의 유적은 아직도 나치즘의 역사가 이곳에 뿌리내리고 있음을 증언한다. 물론입니다, 어느 익살맞은 뮌헨 시민이 말한다. 아마 봄의 푄 현상인, 한 달 내내 끊임없는 두통을 안기는 산바람 탓이겠지만, 쿠데타 사망자 열여섯 명의 추모 명판이 붙은 펠트헤른할레(Feldherrnhalle)를 지나갈 때마다 모자를 벗도록 나치가 명령하자 통행이 활발했던 이 구역에 사람이 두드러지게 줄었다는 사실 역시 그는 지적한다.

프린츠레겐텐슈트라세에는 폐허가 되어서야 비로소 고대 그리스와 로마 시대 양식처럼 보이는 무성적이며 유사 고전주의적인 히틀러 시대 건물에 무역 박람회장도 입주해 있다. 무역 박람회는 탁월한 심리적 재능을 가진 시 행정 당국이 바이에른의 산업이 이룰 수 있는 것, 즉 바이에른이 미국에 수출할 수 있는 상품을 입장료 일 마르크에 보여주는 가학적인 시설이다. 그곳에서는 폭격으로 집을 잃은 주부들이 음식을 전혀 담아 먹을 수 없는 멋진 꿈의 그릇을 물끄러미 볼 수 있고, 마실 수 없는 진짜 독일 맥주가 담긴 거대한 병이 있으며, 만지는 것이 금지된 훌륭한 옷감이 있다. 가난하고 굶주린 사람에게는 실패한 꿈처럼 보였을 것이다. 거기에서는 물론 모든 게 꿈처럼 현실과는 완전히 다르지만, 꿈을 꾸고 있는 사람은 줄곧 자신의 굶주림과 가난을 잊지 않는다.

2

프린츠레겐텐슈트라세에서 몇 분만 걸어가면 대부분의 나치 건축물보다 더 많은 양식의 결여, 황량함과 적막 이상의 구조적 가학증을 드러내는, 나치 건축가들이 지은 사막 쾨니히스플라츠(Königsplatz)가 있다. 부서진 개선문의 좁은 궁륭 아래 또는 높이 솟은 두 개의 대리석 무덤 사이로 사람들이 들어간다. 그곳에는 뮌헨 순교자 열여섯 명의 아연 관이, 알려지지 않은 곳으로 미국인들에 의해 옮겨질 때까지 여덟 개씩 안치되어 있었다. 예전 무덤들의 양 옆으로는, 특정인의 죽음이 아니라 죽음 자체를 원칙으로 기리는 영묘처럼 생긴 히틀러 시대의 전형적인 건물인, 얼음처럼 차갑고 거대한 궁 두 개가 있다. 1938년 이 영묘 중 한 곳인 퓌러바우(Führerbau)[4]에서 뮌헨 협정이 서명되었다. 당시 개선문은 아직 온전했다. 협정 체결자들의 자동차 행렬이 궁륭 아래를 지나 광장에서 부드럽게 곡선을 그리고는, 세계의 운명이 잠시 묻혀 있었고 이 추운 초겨울 아침 한두 시간 동안 죽은 자들을 무덤에서 불러낼 수 있을 듯한 기념비

---

[4] 히틀러의 집무 건물로, 현재 뮌헨음악연극대학이 사용하고 있다.

적인 무덤 건물에 접근하는 광경을 눈을 감고 상상해볼 수 있다.

개선문에서는 관악기를 연주할 악대가 집합하고 있다. 악기에서 차가운 햇살이 반짝이고, 관악기 연주자의 입에서는 입김이 하얗게 일었다. 엄청난 마름돌들이 깔려 있으며 실내에 있는 듯한 기이한 느낌을 주는 이 끝없는 광장을 질러가, 사람들이 꿈을 꾸곤 하는 닫힌 성의 입구 안에 있는 홀로 들어간다. 밝은 차도를 따라 빠르게 궁륭 아래로 들어가는 육중한 미군 트럭들은 이런 배경에서 아주 비현실적으로 보인다. 추위에 몸을 떠는 수백 명의 인파가 악대 앞에 모였는데, 그곳에는 카메라를 가지고 태어난 것처럼 희귀한 존재인 제복 차림의 미국인 여성 특파원이 서 있으며, 트럭 두 대가 악대 뒤에서 전진해서는 트럭 적재함을 맞닿게 해서 언론인과 연설자 들이 설 연단을 만든다. 사람들은 천천히 흘러들어오고, 열 시쯤 되자 만 명이 기다리며 서 있다.

악대는 추위 속에서 소리가 갈라지는 행진곡을 연주하고, 뮌헨의 기자들은 연필을 뾰족하게 깎는다. 대개 전화도 타자기도 사무실도 없는데도 도무지 알 수 없는 방식으로 발간되고, 비가 오기만 하면 물이 발 높이까지 차올라서 인쇄소 직원들이 장화를 신고 다녀야 하는 지하실에서 인쇄되는 기이하고 용감한 신문들을 대표하는 기자들이다. 이런

뮌헨 쾨니히스플라츠의 명예 사원. 1936.

우스꽝스러운 신문들은 미국인들의 희망대로 '정당 위에' 군림할 것이다. 이는 혼란스러워하는 보통 독일인 한 명 이상이 즐겨 읽는 신문에서 월요일에는 기독교사회연합을 향한 의심을 뚜렷이 주창하는 사회민주당 논조 사설을 읽고, 수요일에는 같은 신문에서 사회민주당을 조심하라고 독자들을 고취하는 기독교사회연합 논조 사설을, 금요일에도 여전히 같은 신문에서 사회민주당과 기독교사회연합에 집요하게 경고를 보내는 공산당 논조 사설을 읽어야 했다는 걸 뜻했다.

따라서 기자들은 연필을 뾰족하게 깎고, 스피커에서는 한 남자가 다른 남자에게 환영 인사를 하더니 와글거리던 소리는 조용해지고 음악은 잦아든다. 외투를 벗은 남자가 일어나 연단 위로 뻣뻣하게 걸어 올라간다. 훨씬 더 조용해지더니 이내 죽은 듯 조용해지며, 아직 발사되지 않은 리볼버 탄환 앞에서의 긴장이 뮌헨 쾨니히스플라츠의 차가운 상공에서 전율처럼 감돈다. 스피커 앞에 서 있는 남자는 독일 사회민주당 대표 쿠르트 슈마허[5] 박사다.

---

5   이차세계대전 후 독일 사회민주당을 재건한 정치인. 점령국의 통치 정책을 비판하면서, 독일이 더 많은 자결권을 행사해야 한다고 주장했다.

슈마허 박사가 말을 시작하자 마법이 깨진다. 사람들은 왜 그가 외투를 벗었는지 이해한다. 슈마허 박사는 영하 10도에도 추위하지 않고 윗도리만 입은 채 말할 수 있는 연설가다. 샤우부데(Schau-Bude)의 케스트너 카바레[6]에는 슈마허 박사의 캐리커처가 한 점 있다. 새로운 총통이 두 팔을 흔들면서 옛 총통과 똑같은 히스테리를 부리며 울부짖는 그림이다. 새로운 총통의 팔이 둘이라서 캐리커처는 잘못 그려졌다. 슈마허 박사는 팔이 하나뿐이지만, 남아 있는 팔을 능란하게 쓴다. 그가 소리를 지른다는 건 정확한 사실이 아니기도 하다. 오히려 그에 대한 인상은 자제된 열정, 부루퉁함, 감상이 전혀 실리지 않은 말투(비통한 진실처럼 들리는 감상들을 그가 말하도록 허용하는), 그리고 신뢰성과 아주 쉽게 혼동되며, 때로는 온전한 진실처럼 들리는 절반의 진실을 그가 말하도록 허용하는 시큰둥한 언짢음이 만든다.

슈마허 박사는 반대파에게도 존경할 만한 인물로 여겨지며 또한 의심할 것 없이 아주 정직한 대담함을 갖고 있지만 이 독일 정치인의 비극은 그가 아주 훌륭한 연설가라는 점에 대한 논지를 자신의 방식으로 구현한다는 점이다. 사

---

6 작가 에리히 케스트너(Erich Kästner, 1899-1974)가 샤우부데에서 관여했던 문학 공연 예술장.

람들은 슈마허 박사가 자신의 연설을 들으러 온 청중에게 매료되며, 그의 연설에 넘쳐나는 대담한 표현이 꼼꼼히 고찰된 자신만의 정치적 경험에 따른 결과라기보다는, 자신만의 감정과 청중의 감정 사이의 상호 작용이 만든 결과라는 인상을 받는다.

물론 소속 정당의 정치적 노선과 근본적으로 전혀 일치하지 않는 감정의 매개체가 되는 한 그의 입지는 위험하며, 심지어 매우 위험하기까지 하다는 사실에서 벗어날 수 없었다. 슈마허 박사가 '이 자리에 없는 칠백만 동지들(전쟁 포로들)'을 호명할 때, 악명 높았던 뮌헨 협정[7]을 언급하다가 머뭇거릴 때(협정이 체결되었던 건물을 등지고 서 있는 청중 만 명 앞에서 머뭇거리면 효과가 더 큰 것처럼), 자르 반환, 루르 반환, 동프로이센 및 실레시아 반환을 요구할 때 환호하는 쾨니히스플라츠의 청중 만 명을 사회민주주의자로 보는 건 순진한 생각일 것이다. 슈마허 박사가 무엇보다도 대표하는 민주주의적 이상에 청중 만 명 중 다수가 조금이라도 관심이 있다고 믿는 것 역시 환상이며, 이는 더 개탄스럽다.

---

[7] 1938년 영국, 프랑스, 독일, 이탈리아가 체코슬로바키아의 독일인 거주자 다수 지역인 주데텐란트의 할양을 체결한 협정.

슈마허 박사가 정치인으로서 거둔 성공에 대해 그리고 확신이 없는 많은 독일인의 마음속에서 패전 때 비워진 자리를 그가 의심할 것 없이 처칠과 함께 차지한 이유에 대해서는, 정치적 입장과 무관하게 거의 모든 독일인이 모일 수 있는 공통의 파장을 그가 성공적으로 발견했다는 사실이 설명하고 있다. 슈마허 박사의 정치적 설교에 들어 있는 편파성으로 인해, 아직 나치즘을 극복하지 못했고 극복을 바라지도 않는 독일인들도 그의 설교를 받아들일 수 있다. 만일, 슈마허 박사의 경우 너무 많이 숙련된 연사를 청중이 매료하는 경우라는 그럴듯한 추측을 사람들이 고수한다면 이런 현상은 이곳 뮌헨에서 다음과 같은 방식으로 드러난다. 이 연설가는 처음부터 청중의 모든 이의를 제지하는데, 즉 그는 가장 무관심한 독일 대중조차도 분명히 충격적으로 여길 영토와 관련된 부당함을 완강히 강조한다. 딱 한 번 작은 항의가 인파에서 드러난다. 러시아인들이 동프로이센을 차지하기를 바라는 공산주의자가 항의한다.

"사람들이 여기에 온 건 제 말을 듣기 위해서지 당신의 말이 아닙니다." 슈마허 박사는 심술궂은 유머로 대답하며, 웃음을 터뜨리는 약 구천칠백 명의 사람들을 자신의 편으로 만든다.

그렇다. 슈마허 박사는 분명히 그의 정당에 좋은 사람이지만, 너무 좋은 건 아닌지, 즉 위험한지, 주로 그의 의견(단지 그만의 것이 아니라 베를린의 노이만[8]과 파울 뢰베와 사회민주당 수뇌부의 다른 정치인들도 그만큼 공개적으로 표현하는)이 아니라 엄청난 인기(아마도 선거에서 당에 승리를 안겨주겠지만, 어떤 승리일까?) 때문에 가장 위험한 건 아닌지가 문제다.

독일 사회민주당이 선거에서 이겼다고 해서 민주주의적 사고가 독일인들 사이에서 발판을 다졌다는 증거로 내세우는 건 경건하지만 위험한 자기기만이다. 사회민주당을 지지하는 유권자 집단에는 민주주의 정당에 투표해서 독일 민족주의적 의견을 표명할 수 있다는 생각에 사로잡힌 사람들이 상당히 있는데, 정당 득표수와 실제 힘 사이에는 중요한 차이가 존재하며, 그 차이가 그런 가정의 정확성을 실증한다. 어느 평범한 독일 도시에서 사회민주당의 득표수는 공산당과 6 대 1인 반면, 두 정당의 당원 수는 3 대 2라는 사실을 기억하는 것은 가치 있는 일일 수 있다.

연설이 끝나면 이 연약한 장신의 남자가 실제로는 얼

---

[8] 프란츠 노이만(Franz Neumann, 1904-1974). 연방의회 의원과 사회민주당 베를린 지부 대표를 역임한 독일의 정치인.

마나 힘이 없는지 슬픈 기색을 띤 사람들은 알게 된다. 연설은 그를 지탱했고 따뜻하게 해주었지만, 지금은 난데없이 넘어져서 누군가가 목에 목도리를 감아주고 외투를 입도록 돕는다. 그는 혼자서 인파를 벗어나 차로 걸어간다. 사람들은 그가 신경 쓰지 않는 인사말을 외친다. 사람들은 그가 대답하지 않는 질문들을 퍼붓는다. 그가 영국으로 떠나기 전날이라 누군가가 외친다. "슈마허 박사님, 영국에서도 이 말을 잊지 마십시오!" 슈마허 박사는 목례를 하지만 미소를 짓지 않는다. 그는 거의 웃지 않는다. 미소를 되도록 적게 지어서 독일인 전체의 신뢰를 얻은 슈마허 박사, 그래서 민주주의자가 될 필요 없이, 언제나 그와는 반대가 되어 민주주의적으로 투표할 기회를 아주 많은 독일인에게 준 슈마허 박사. 물론 슈마허 박사는 그런 결과를 선택하지 않았지만, 여러 면에서 합리적이어도 이데올로기적으로는 아주 피상적인 박사의 국경 선전이 가져온 결과였다.

    동시대 독일 정치인 중 틀림없이 가장 재능 있고 가장 청렴한 정치인인 그는 연합국 대독일 정책의 부당함에 대한 그의 견해로 인해 비난받을 수 없다. 산업시설에 대한 체계적이지 못한 해체로 생산을 마비시키는 것, 평상시에 생산 체제가 자립하도록 돕고 독일인들에게 식료품 수입 대금을 직접 결제할 기회를 주는 대신 식료품의 형태로 자선을 베푸는 것, 전쟁 포로를 강제 노동에 이용하는 것(이는 헤이그 회담[9] 위반이자 독일인들에게 회담에 대한 항구적 존중을 가장 부적절하게 가르치는 방법이다), 그리고 독일의 중요한 이익을 위협하는 엄격한 국경 규제를 공표하는 것. 다른 나라의 사회주의자보다 나치의 테러 치하에서 더 크게 아니면 여하튼 더 오래 고통을 겪은 독일 사회주의자가 만일 그런 생각을 표현한다면, 이는 예컨대 걸랜츠 같은 영국 자유주의자가 그런 생각을 표현할 때보다 더 부당하지는 않을 것이다. 슈마허 박사에게 제기할 수 있는 반론이라면 승자들에 맞서는 최후의 심판일 설교에서 그가 사회주의적이며 국제주의적인 관점 대신 편협하며 국가적인 관점을 사용한다는 점이다. 민족주의나 국수주의와는 아무런 관련이 없는 합법적인 국가적 요구 사항이 있을 수 있다는 이견이 나올 수 있다. 하지만 국익을 위한 선전과 독일에서 우스꽝스럽게 나타난 민족주의 사이의 경계는 넘기 위해 존재하는 것 같다고 독일의 운명이 우리에게 가르쳐주지 않았는가? 다른 관점에서 보면 희귀한, 국경을 그대로 유지하는 기술을 가르치는 일은 민주주의적 교육의 일부가 되

---

9   교전자의 정의와 선전포고, 전투원, 비전투원의 정의, 포로, 부상병의 취급, 사용 금지 전술, 항복, 휴전 등이 규정되어 있는 국제 평화 회담.

어서는 안 되는가? 따라서 사람들은 슈마허 박사에 반대하며 그가 하는 선전을 독일 민족주의자들도 탐욕스럽게 받아들인다는 이의를 제기할 수 있다. 그들에게 일회분의 사회주의와 민주주의와 국제주의를 주도록 하라, 그러면 슈마허 박사는 인기는 줄어들지만, 신생 민주국가 옹호에 더 알맞은 사람이 될 것이다.

교수형당한 사람들의 숲을 지나며

 숲은 다른 모든 존재보다 더 빨리 자신의 상처를 핥는다. 여기저기, 틀림없이 참나무 사이에 부끄럽고 비통하게 땅을 빤히 내려다보는 포신이 달린 대포가 일자리를 잃은 채 있다. 갈색 소형차의 껍데기가 거대한 통조림 깡통처럼 비탈 아래에 있다. 뒷손 없는 거인 야영객들이 온 세상의 숲에서 가장 부지런히 잘 정리된 이 숲에서 일을 보고 갔다. 그런데도 여전히 전쟁은 나무 사이를, 그리고 밤마다 대도시 폭격을 붉은 오로라처럼 겪었을 뿐이었으며 지반이 흔들리는 걸 느꼈고 문과 창이 쾅쾅 부딪치는 소리를 들었던 작은 마을들을 조심스럽게 지나갔다. 외따로 있던 집 한 채가 실수로 사라졌고, 그곳으로 마을의 비극이 집중되었다. 베저 강가의 작은 마을에서는 어느 봄 치과 의사의 집이 아침 진료 도중 포격을 당해 의사와 간호사, 환자 삼십 명 전원이 사망했다. 딸아이가 이를 뽑는 동안 남자는 바깥 정원을 이리

저리 걸어 다니며 기다리고 있었고 대기실에서는 아이가 불안하지 않도록 그의 아내와 어머니가 함께 있었다. 그는 기적처럼 탈출했지만 가족을 잃었고, 그 후 지금은 방랑하는 이차세계대전 추모비처럼 이 년 동안 마을을 돌아다니고 있다. 일차세계대전 추모비는 베저강가와 마을 첫 번째 집 사이의 작은 숲에 있으며 여전히 마을의 자랑거리다.

작은 마을에도 상처를 핥을 시간이 있었다. 치과 의사 집의 잔해는 치워졌지만, 사람들은 일요일 영화를 관람한 뒤 불타버린 집터를 지나며 당시 모습에 대해 이야기 나누거나, 교대(橋臺)로 올라가 교각 그루터기 주위에서 소용돌이치는 가을 강물을 내려다본다. 이 다리는 12시 5분경 극도로 흥분한 청년 친위대원들에게 폭파당했다. 그들에 대한 증오 어린 기억은 아직도 마을에 강렬하게 살아 있다. 아, 그자들은 사-납-게 날뛰었다, 아, 마을 사람들은 격노했다, 그렇다, 폴란드 사람들보다 더 심하게.

이틀 내내 패전은 마을 거리를 흐르듯 지나갔다. 패전의 진창을 따라 자전거를 타거나 걸어서 가는 남루한 진흙투성이 독일 국방군 병사들, 그리고 행렬 마지막에서 훌쩍이며 넘어지는 국민돌격대(Volkssturm)[1] 소년들과 중장년

---

[1] 1944년 16세부터 60세까지의 병역 미필 남성으로 조직되었던 독일 민병대.

남자들. 사람들은 승리자 중 특히 활기 넘치던 스코틀랜드 사람들을 기억하는데, 그중 열두 명 정도는 베저강으로 내려가는 언덕바지에 있는, 험한 가을 날씨에 봄꽃처럼 솟은 흰 십자가 아래 묻혀 있다. 마을 아이들은 동부 유럽과 독일의 소련 점령지역 또는 주데텐란트에서 온 누더기 차림의 난민 아이들과 함께, 터질 듯 사람이 차 있는 추운 집의 현관에서 전쟁놀이를 한다. 아이들은 배를 채울 수 없는 끼니 때면 배를 속여 잠재우려고 아침까지 오랫동안 누워 있다. 사람들이 그림책을 보여주면 아이들은 그림책의 등장인물이나 동물을 가장 잘 죽이는 방법을 철저히 상의하기 시작한다. 제대로 말하는 법을 아직 배우지 못한, 폭격의 피해를 두 번 입었던 어린 소년 둘이 '때려죽이다'라는 단어를 섬뜩할 정도로 정확히 발음한다. 베저강가 마을은 인구가 일 년 동안 약 열 배가 되었고, 새로운 주민들은 이미 과밀 거주자들의 증오와 시기와 굶주림으로 격양된 이 작은 벽돌집들에 쉴 새 없이 도착하고 있다. 창유리 대신 기름이 배지 않는 종이를 창틀에 붙인 작은 오두막집에는 발트해의 전쟁에서 다리 일부를 잃었지만 올해 자신이 그 밑에서 일하는 영국인들에게 마음을 빼앗긴 주데텐란트 출신 소년 헨리가 살고 있다. 그는 영국군 소령에게 시계를 받았으며 너무 추워 잠을 못 자는 밤에는 에드거 윌리스를 원어로 읽는다. 작

독일군 포로 행렬. 1945.

은 얼음장 같은 다른 방에는 독일계 헝가리 소녀가 밤마다 침대를 빌린다. 낮에는 마을의 의사 가족 집에서 일을 돕거나 부다페스트를 애타게 그리워하며 남쪽 베저강가를 돌아다닌다. 그녀는 수면제로 자살 시도를 두 번 했다. 지금은 집 전체에서 세 번째 시도를 기다리고 있다.

그렇다, 피 흘리는 폐허의 도시에서 사람들이 올 때 독일 시골 마을은 치유된 것처럼 보이고, 숲은 보존이 잘 되어 있지만, 겉보기에만 건강할 뿐이다. 나는 다름슈타트 외곽의 작은 마을에서 농지와 동물이 없는 황폐한 농장에 피란 온 가족과 함께 며칠을 보낸다. 사람들은 경사가 완만한 푸른 산에 달라붙은 작은 참나무 숲을 지나서 온다. 로마 시대에 만든 협로가 산을 따라 내려간다. 이 지역에는 낭만적으로 휘몰아치는 시내 가장자리에 낡고 버려진 방앗간이 가득하다. 도랑에는 옛 국방군 창고에서 나온, 폭발에 부서진 문서 보관함이 있지만 다른 전쟁 유물은 발견되지 않는다. 하지만 어느 저녁 부엌에 앉아 이야기를 나누는데 문 두드리는 소리가 나더니 뺨이 사과처럼 발갛고 혈색이 좋은 어린 소년이 들어와서는 이 집에 살면서 이 년 동안 거의 매일 밤 지하실에 있었던 작고 야윈 다섯 살짜리 여자아이와 놀고 싶다고 한다. 여자아이에게 자신만큼이나 지하실에서 많은 밤을 견뎠던 낡은 제펠헨 인형 대신 크리스마스 선물로 인형을 갖고 싶은지 물어보면, 오히려 버터를 두툼하게 바른 샌드위치를 먹고 싶다고 답한다. 하지만 그건 사람들의 꿈이다. 이따금 정말로 얌전할 때, 아이에게는 마가린을 바르고 굵은 설탕을 뿌린 샌드위치가 주어지는데, 그조차도 꿈의 대상이다. 하지만 부엌에 들어온 소년은 진짜 샌드위치에 대해 헛된 꿈을 꿀 필요가 없어 보인다.

"헨셴[2]은 뺨이 통통해." 누군가가 말하고, 헨셴은 자신만만하게 미소짓는다. 그렇다, 꼬마 한스는 정말로 뺨이 통통하며, 오른손에는 거위 기름을 바른 큼직한 샌드위치가 있다. 두 종류의 샌드위치, 두 종류의 독일, 가난하고 정직한 독일 그리고 번창하고 의심스러운 독일 사이의 애처로운 만남이 이뤄진다. 꼬마 한스의 아버지는 나치 법원에서 검사였지만 지금은 피(die Blut)에서 나와 땅(die Boden)으로 건너갔다.[3] 그는 (패전 뒤라는 걸 유의하기를!) 마을에서 가장 큰 농장을 사서는, 황폐하며 관리가 형편없는 마을 오두막에 다시 자리 잡은 강제 수용소 출신 피란민보다 수백 배는 더 잘살고 있다.

---

2   독일어 남자 이름 한스의 애칭.
3   인종적으로 규정된 민족 집단(피)과 정착 지역(땅)을 결합한 나치의 이데올로기 '피와 땅(Blut und Boden)'에 대한 패러디.

만일 사람들이 분개한다면? 물론 분개하지만, 그건 아무런 도움도 되지 못한다. 저녁마다 우리는 풍로 앞에 앉아 과거와 현재의 일을 이야기한다. 이 자리에 부헨발트(Buchenwald)⁴에서 구 년을 보낸 공산주의자가 있었는데, 그의 이마와 입과 눈에 부헨발트는 영원히 새겨져 있다. 그는 패배한 혁명, 그 격렬했던 격변을 애통해한다. 현재 번성이 허용되면서 독일의 불만족과 불행 그리고 분열을 더 크게 조장하는 나치의 공해는 그 격변이 독일 전역에 지핀 불로 모조리 한순간에 소각되어야 했다. 혁명의 전제들이 있었으며, 1945년 4월에 짧았지만 강렬했던 심판의 분위기가 존재했다고 그는 생각한다. 국경을 넘어 후퇴한 병사들은 히틀러 정권에 격분했으며 정권에 보복하기 위한 모든 일을 했을 것이다. 강제 수용소에서 해방된 대중은 자신들을 괴롭혔던 자들에게 달려들 준비가 되어 있었으며, 폭격으로 산산이 부서진 대도시에는 1945년 봄 내내 지역 차원에서 나치에 맞서 내전을 펼친 강력한 반나치 행동 조직들이 있었다. 그런데 왜 성과가 없었는가? 그렇다, 서방의 자본주의 승전국들이 반나치 혁명을 원하지 않았기 때문이다. 독일의

4　1937년 독일 바이마르 인근에 세워진 강제 수용소. 공산주의자와 유대인을 비롯해 나치가 '반사회적 인물'로 분류한 사람들이 수용되었다.

혁명 조직들은 독일 국경 주위에 대포로 원형 방어진을 구축하고, 독일인들이 직접 증오스러운 정권을 타도하게 하는 대신 승전국 군대에 의해 고립되었다. 강제 수용소의 혁명적 군중들은 한꺼번이 아니라 위험하지 않은 소규모 집단으로 나뉘어 귀향 조치되었으며, 병사들은 작은 단위로 석방되었고, 이미 종전 전에 자주 혹독한 탈나치화를 개시했던 도시의 저항 조직들은 연합군에 의해 무장 해제되어 나치 검사들이 농장을 사고 반나치 노동자들은 굶어 죽게 만든 정화심판소로 대체되었다.

공산당뿐만 아니라 다른 정당들 역시 공감하는 이런 생각은 특히 독일 노동자 정당들의 통합에 대한 공산당의 논지가 지닌 흥미로운 측면을 제공한다. 반나치적인 토대에서의 통합의 전제는 패전이 임박했던 때에 분명 존재했지만, 역시 곳에 따라서는 실제로 이뤄진, 인민전선의 꿈은 오래지 않아 깨졌다. 인민전선 내 우파는 전선 내 노동자 진영과의 협력을 거부했으며, 사회민주당과 공산당 사이에 마찰이 일어났다. 이해하기 쉬운 여러 전술적 이유로 가능하다고 여겨질 때마다 자신들의 독일 정당 성격을 강조하지만, 소련에서 돌아온 전쟁 포로를 전부 반러시아 선전원으로 보는 (포로들이 여위었다는 사실은 어쩔 수 없지만) 공산당은 인민전선의 붕괴와 사회민주당과 공산당의 갈등을 독일의 불행이라고 생각한다. 하지만 다른 결과를 원했던 수많은 독일 반나치주의자들, 공산당이 제공하는 자유 없는 통합을 거부하는 사람들은 1945년 봄의 반나치적인 열정이 결국 정당의 분열과 결국 승리한 반동 세력 앞에서의 무력감 말고는 아무런 결과도 만들어낼 수 없었음에 탄식한다. 십이 년 동안 이어진 혁명의 꿈은 죽었고 바이마르 공화국 사람들이 다시 태어났다.

그러므로 사람들은 비통해하고, 환멸을 느끼며 절망한다. 서로 다른 두 가지 샌드위치 때문에, 그리고 다른 중요하며 소소한 여러 일 때문에 비통해한다. 우리는 해 질 녘 잠시 농장 밖에 서서 안개 낀 산속, 매를 닮은 프랑켄슈타인 성의 윤곽을 본다. 내가 전날 갔던 숲을 보는데, 친구 하나가 저 숲은 보이는 것처럼 무고한 곳이 전혀 아니라고 말한다. 1945년 4월 국민돌격대에서 어머니가 있는 집으로 도망쳤던 어린 반항아들이 그곳에서 교수형을 당했다. '뺨이 통통한' 꼬마 한스는 샌드위치를 먹어 치우고는 작고 여윈 다섯 살배기와 참나무 사이에서 놀고 있다. 농부가 된 검사는 자신의 숲에서 오늘의 마지막 장작 짐을 집으로 실어 온다. 올해 검사는 이 년 전 자신이 판결에 관여했던 사람들에게 친절하게 인사한다. 심지어 채찍으로도 인사한다. 오, 미국의 아이러니! 거의 이 년 전 나치가 아이들을 교수형에 처한 숲에서 나치 법조인이 자신이 쓸 장작을 가져온다. 그리고 우리의 참나무 위로 높이, 거의 프랑켄슈타인 성까지 올라간 높이에서 날카롭고 거센 총소리가 저녁노을 속에서 들린다. 교수형을 당한 소년들의 숲 위에 있는 산에서 미국 사람들이 승리의 탄약으로 멧돼지에게 총을 쏘고 있다.

함부르크로 돌아가다

"아메리카."

"무슨 말인가요?"

"아메리카!"

"아메리카?"

"그래요."

그리고 더는 주저할 게 없다. 소년은 미국에 가고 싶어 하지만 가기 위해 할 일은 없다. 고개를 저으며 우리 위로 높이 있는 어둠 속 부서진 구름 모양 철제물을 하염없이 올려다보는 일 말고는 아무것도. 하지만 미국에 가도록 내가 도와주기를 바라는 소년은 내 작은 미제 여행 가방으로 재빨리 몸을 숙이더니 성가시게 쓰다듬는다.

"미국인들 밑에서 일하죠!"

"아닌데."

"아니긴요!"

남부 독일의 역에 바람이 거세게 불고 있다. 동쪽에서 온 난민들은 잿빛 짐 사이에서 발을 구른다. 프랑스에서 수년을 보내고 귀향길에 오른 지친 포로들 등에 '페제(PG)'[1]라는 큼직한 글자를 꿰매 붙인 길쭉한 프랑스 외투를 입은, 비탄에 잠긴 남자들이 차가운 어둠 속에서 이리저리 발걸음을 무겁게 옮긴다. 승강장 기둥에는 전직 강제 수용소 간수였던 신장 백육십 센티미터의 폴란드인 권총 무장 살인범을 지명수배하는 크고 붉은 포스터들이 붙어 있다. 역사 벽에는 단정히 쓴 벽보에서 부모들이 전선 실종자 자녀를 찾고 있다. 뉘른베르크 바깥에 사는 점성술사는 우편으로 이십 마르크를 보내주면 실종된 자녀를 찾아주겠다고 약속한다. 커다란 포스터에서는 얼굴 모양 가면 아래 죽음의 해골이 언뜻 희미하게 보이는 젊은 여자가 성병 전염을 경고한다. 남자는 만나는 여자마다 그 안에 있는 죽음을 보는 법을 익혀야 한다. 성병에 대한 도표에서는 병사들이 새로운 풍토에 적응하기 시작한 1945년 7월부터 끔찍하게 가파른 각도로 상승하는 불길한 붉은 곡선이 보인다. 맞은편 승강장에는 앳된 미군 병사들이 술에 취해 각자 유행가를 부른다. 병사들은 장난으로 싸우는데, 장갑 낀 손으로 때리는 소리

---

[1] 전쟁 포로를 뜻하는 프랑스어 단어 'prisonnier de guerre'의 약자.

가 차가운 침묵 속에서 북소리처럼 들린다. 병사 중 하나가 욕을 하며 운반용 수레 쪽으로 쓰러진다. 병사들과 동행한 젊은 여자 두셋이 비틀거리고 독일어로 새되게 킥킥거린다. 추수감사절이다.

    만일 내가 미국인들 밑에서 일한다면? 닳아빠진 군용 외투를 입고 군모, 찌그러진 채 이마까지 푹 눌러 쓴 패전의 모자를 쓴 소년에게 나는 하나도 빠짐없이 설명한다. 그는 간절해지고 무모해지며 내 도움이 꼭 필요하다고 말한다. 그는 내 미제 여행 가방을 계시처럼, 배가 불룩하고 버클은 반짝이는, 승리의 여행 가방처럼 바라본다. 가방에 몸을 숙이고 자신의 사연을 들려준다. 나이는 열여섯이며 이름은 게르하르트다. 게르하르트는 간밤에 러시아 점령지역에서 피란 왔다. 그는 제지 없이 기차를 타고 경계를 넘어올 수 있었다. 그곳 마르틴 루터 탄생지[2]의 상황이 몹시 견딜 수 없어서가 아니라 전문 정비공인 그가 강제로 러시아에 끌려갈 수도 있기 때문이었다. 그래서 게르하르트는 무일푼으로, 찾아갈 사람 하나 없이, 머리 위에 둘 지붕도 하나 없이 이곳에 왔다.

---

2   독일 중동부 작센안할트 주의 도시 아이슬레벤. 연합국 점령 기간에는 소련 관할 지역이었으며, 분단 후 1990년 재통일까지 동독령이었다.

"독일에 더는 있을 수 없어요."

나는 게르하르트에게 함부르크행 기차표 살 돈을 빌려준다. 게르하르트는 적어도 함부르크로 가고 싶어 하며, 함부르크에서 미국으로 가는 배, 희망의 배가 있다고 믿는다. 게르하르트는 기차표를 사려고 자리를 뜨는데, 원했다면 큰돈을 바꾸지 않고 쉽게 도망쳐 역 바깥의 어둠 속으로 사라질 수 있었다. 그러는 게 정상적이었을, 다른 모든 경우보다 더 정상적이었을 것이다. 하지만 미국으로 가려는 소년은 정말로 돌아오고, 기차가 후진해서 들어올 때 칠흑처럼 어둡고 추울 뿐만 아니라 평소와 달리 객실에 유리창이 온전히 달리고 좌석이 놓인 전형적인 전후 독일 기차에 자리를 잡기 위해 분투한다. 다른 독일 기차들은 유리가 없는 창 구멍에 나무판을 덧대고 못으로 박아 놓아 낮에도 어둡다. 빛이 들어오는 자리를 원한다면 나무판을 대지 않은 객실에 앉을 수 있지만, 그 자리는 더 춥고 비가 들이친다.

들썽거리고 보이지 않는 손들이 우리를 밤의 객실로 들이민다. 어둠 속에서 작고 조용하지만 격렬한 무언의 드잡이가 일어나, 밟힌 아이들은 소리를 지르고, 참을성 없는 발은 자리를 많이 차지하는 난민들의 짐을 차버린다. 어두운 객실은 사람으로 꽉 찼지만, 훨씬 더 꽉 찰 수 있다. 이 비참한 제곱미터 공간에 이렇게나 많은 사람이 자리를 잡을 수 있다니 놀랍다. 몸이 쑤실 정도로 좁아져야 비로소 문이 닫히는데, 기차 전체에서 닫힌 문들이 요란한 소리를 내고 절망하는 목소리들이 울려 퍼진다. 너무 늦게 온 탓에 다른 곳으로 가는 대신 이 도시의 폐허에서 하룻밤을 더 머물러야 하는 사람들의 목소리들이.

팔인석 객실에 서 있지만 우리는 스물다섯 명이다. 여덟 명이 쓸 객실에 스물다섯 명이 있으니 난방이 끊기더라도 상관없다. 기차가 떠나기 전에 벌써 땀이 흐르기 시작한다. 두 발로 서 있을 자리가 없고, 한 발로 서 있는데도 쓰러지지 않고, 발로 서 있을 필요가 전혀 없는데도 쓰러지지 않는 건 바이스에 물려 있는 것처럼 다른 땀투성이 몸뚱이들 사이에 끼어 있기 때문이다. 다른 이에게 고통을 주지 않고는 움직일 수가 없다. 화장실 역시 사람들로 가득 차 있으며, 밤에는 문이 닫혀 있지만 그래도 상관없는데, 그곳으로는 갈 수 없을 것이다.

드디어 기차가 가고, 객차가 불안하게 움찔하자 드디어 출발한다는 사실에 이미 등과 팔과 배 그리고 인간 바이스에 물려 있는 모든 것에 안도감이 생긴다. 우리는 일 년 반의 평화 뒤 아주 최근에 가까스로 수리된 다리를 느리게 지난다. 이 다리는 언제나 독일 뉴스영화에서 군정 대표자와 시장 그리고 개통 테이프를 자르는 가위의 참석하에 개통되는, 그리하여 시장들이 모두 하는 말처럼 독일과 연합국의 관계 증진에 기여하는 선전용 다리가 아니다. 못된 사람들은 언제나 같은 다리에 같은 가위라고 주장한다. 하지만 시장들은 같지 않다.

도시의 마지막 불빛이 창으로 들어와 창가 자리를 잡은 게르하르트를 비춘다. 그는 독일의 기차를 탄 경험이 나보다 훨씬 더 많은 사람이다. 불빛은 지친 잿빛 얼굴들을 한 줄로 죽 비춘다. 시골 마을로 가 감자 사냥에 나설 기진맥진한 주부들과 기차가 다리를 느리게 건널 때 자신들은 리옹에서 오는 길이라며 귀향을 오 년 동안 기다려왔으니 이 시간도 기다릴 수 있다고 말하는 외투 입은 포로들을. 그리고 여기에는 존재를 인정받지 못한 사람들이 많이 있다. 암거래 장사치들 그리고 이 도시 저 도시 옮겨 다니며 어떻게 밥벌이를 하는지는 오직 신만이 알고 있는 사람들 말이다.

우리는 땀에 젖어, 성이 나서, 아직은 짜증을 그칠 만큼 충분히 기운이 떨어지지는 않은 채 이 짙은 어둠 속을 계속 가고 있다. 하지만 어둠 속에서 뜻밖의 일이 일어난다. 독일에는 불빛, 그러니까 노랗고 때때로 끊기며 나오는 불빛을 내려면 쉬지 않고 바닥을 눌러야 하는 일종의 비상용 손전등이 있는데, 이것은 억지로 빛을 내는 동안 호박벌처럼 빙빙 돈다. 갑자기 그런 손전등이 어느 좌석 아래 어둠 속에서 빙빙 돌기 시작해서 그걸 볼 수 있는 사람들 모두 그쪽으로 시선을 돌린다. 손전등은 손바닥에서 빛나고 있는데, 젊은 여자의 손이며 손에 있는 사과 한 알이 보인다. 크고 푸른 과즙이 많은 사과, 독일에서 가장 큰 사과 중 하나다. 객실이 완전히 조용해진 건 사과 때문인데, 독일에서는 사과가 몹시 부족하다. 사과는 손바닥에 놓여 있기만 하다가, 손전등이 꺼지고 어둠이 닥친 후 숨 막힐 듯한 침묵 속에서 베어 무는 소리가 무섭게도 뚜렷이 들린다, 여자가 사과를 베어 문 것이다. 다시 손전등이 빙빙 돌더니 사과는 조금 전처럼 선명히 빛을 받으며 손안에 있다. 그녀는 손전등으로 꼼꼼히 비춰 그곳을 살펴본다, 훌륭하게 베어 문 자리, 그 때문에 사람들이 배고파지는 자리다. 끔찍하게도 오랫동안 커다란 사과와 숨 막힐 듯한 침묵이 이어진다. 객실 전체가 아는, 이가 튼튼한 젊은 여자는 사과를 베어 물 때마다 사과를 비춰 보는데, 어쩌면 물질이 얼마나 쉽게 정복당하는지를 입증하기 위해서일지도 모른다.

하지만 사과가 사라지기 전 무관심이 우리를 칭칭 감는다. 우리는 죽은 사람들처럼 서로에게 매달려 있고, 모르는 어깨에 기대고 있으며 땀과 나쁜 공기의 냄새가 코를 찌르는 답답한 실내에서 감각을 잃는다. 포로 세 사람은 기차를 갈아탈 때까지 깨어 있으려고 서로 나지막이 그리고 억제된 격앙을 띠며 프랑스 점령 기간에 저들 중 하나가 파리에서 먹었던 큼직하고 맛있는 프랑스 케이크를 이야기한다. 케이크를 먹었던 포로는 케이크를 기억해보려 한다. 크림이 얼마나 두꺼웠는지, 케이크 한가운데에 난 구멍에 들어 있던 게 코냑인지 아니면 아라크였는지, 케이크를 숟가락으로 먹었는지 아니면 칼로 먹었는지 아니면 둘 다 써서 먹었는지를.

밤이 끝나갈 무렵 열차는 크고 텅 빈, 조명이 강한 역에 정차한다. 아무 소리도 들리지 않고 사람도 보이지 않는다. 꿈속에 있는 것 같다. 그러다 갑자기 벽 사이에서 소리가 울려 퍼지기 시작하는데, 스피커에서 지시사항이 나오고 있다. 통행증 검사. 화물 검사. 승객 전원은 화물과 소지품을 모두 가지고 기차에서 내려야 한다. 영국 관할 지역과 미국 관할 지역 사이의 경계 역인 아이헨베르크(Eichenberg)의 승강장에서 잠시 대기하고 있는데 키가 큰 미군 병사들이 온다. 그들은 풍선껌을 씹고 돌아다니면서 가방을 발로 차고 증명서를 조사한다. 게르하르트는 러시아 병사들을 속이려고 통행증을 살짝 고쳐 직업을 정비공 대신 농업노동자라고 적어 놓아 불안해하지만 문제없이 넘어간다.

그 후 우리는 하노버까지 창가에 서서 가며 게르하르트의 삶에 대해 이야기한다. 그는 전쟁이 끝나서 기쁘다고 말한다. 이제 일요일마다 밖에 나가 히틀러 청소년단과 행진할 필요가 없다. 그러면서도 전쟁 중 자신의 근무가 "훌륭했다고, 아주 훌륭했다고" 말한다. 그는 네덜란드의 어느 공항에서 정비공이었으며 결코 그때를 잊지 못할 거라고 주장한다. 하지만 이제 그는 떠나고 싶어 한다, "젊다면 독일에 있을 수 없어요."

날이 완전히 밝아지기 전 정차역 사이에서 극적인 장면이 연출된다. 기차는 여전히 만원이지만, 역에는 여행할 권리가 우리만큼이나 있는 사람들이 필사적인 심정으로 서 있다. 비탄에 젖은 여자가 임종을 지키러 가야 한다고 밖에서 모든 객실에 소리를 지르며 달리지만, 억지로 밀고 들어올 힘이 충분치 않다면 임종을 지키러 가야 할 사람은 이 기차에 탈 수 없다. 덩치가 크고 거친 남자가 우리 객차에 비집고 들어와서는 문간에 서 있는 사람과 주먹질을 하는데, 그가 주먹질을 더 잘해서 그 방법, 그 유일한 방법으로 자리를 차지한다.

하노버를 지나 많은 사람이 내렸을 때, 감자가 가득 든 자루로 만들어진 줄을 따라 사람들이 서 있다. 그들은 서 있

러시아 포로수용소에서 돌아온 독일인 생환자. 1946.

는 사람들의 발 위로 자루를 끌며 흙과 가을의 냄새를 풍긴다. 자루를 들어 선반에 올리자 앉아 있는 사람들의 정수리로 흙이 떨어진다. 그들은 남녀 할 것 없이 이마의 땀을 훔치며 비극을, 방금 있었던 감자에 얽힌 비극을 이야기한다.

함부르크에서 온 여자는 수레에 빈 자루 넷을 싣고 첼레[3]에 가서는 나흘 동안의 부단한 노력 끝에 첼레 주변 농부들에게 구걸해, 성공적으로 자루를 채워서 있는 힘을 다해 감자가 든 자루를 역으로 끌고 왔다. 그곳에 오자 그녀의 얼굴은 흡족함으로 빛났고, 이마의 땀을 훔치자 기름진 흙이 묻어났다. 그녀는 성공했다. 많은 사람이 할 수 없었거나 그럴 힘이 없는 일을 해냈다. 굶주린 가족에게 겨우내 먹일 감자를 긁어모으는 일을. 그래서 그녀는 첼레의 역에 서서 자신과 자신이 보낸 나흘을 흡족해하며 집에 가면 물밀 듯 밀려올 기쁨을 생각하고 있다. 그녀는 자신이 꼭대기에 바위를 굴려 올리고, 곧 바위가 넘어져 심연 속으로 사라질 시시포스와 같다는 걸 아직 알지 못한다. 그녀는 감자가 든 자루와 수레와 억센 두 손이 있지만 기차를 타고 갈 수 없다. 네 자루를 들고는 그 어떤 독일 기차도 타고 갈 수 없다. 싸운다면 아마 두 자루는 가능할 것이다. 그녀는 온종일 빈 기

---

3   독일 북부 니더작센 주의 도시.

차, 전 재산을 실을 자리가 있는 기차를 기다리며 서 있지만 그런 기차는 오지 않으며, 같은 경험이 있는 사람들은 그녀에게 그런 기차는 다른 날에도 오지 않을 거라고, 그런 기차는 절대 오지 않을 거라고 말한다. 그녀는 차츰 절망에 빠진다. 그녀는 어떤 대가를 치르더라도 집에 가야 하는데, 이미 너무 오랫동안 집을 비웠고 첼레에서 함부르크까지 걸어갈 수는 없다. 지금 그녀는 기차 어딘가에 있다, 감자 한 자루는 선반에 얹어 놓고 다른 자루들과 값비싼 수레는 첼레의 역에 남겨놓은 채 비통해하는 늙고 지칠 대로 지친 여자가 기차 어딘가에.

객실은 감자로 가득하고, 가을 냄새가 확 풍긴다. 정차역에는 기차에 타려는 사람들이 가득 서 있다. 누군가가 들어와서는 완충 장치에 사람들이 앉아 있다고 이야기한다. 잠시 후 천장에서 얼어붙은 발들이 쿵쿵거린다. 그렇다, 이미 기차 지붕에 사람들이 앉아서 가고 있다. 객실은 견딜 수 없이 더워진다. 나는 말라빠진 샌드위치를 게르하르트와 나눠 먹는다. 누군가 창을 내리자 초현실주의 영화처럼 작은 손 하나가 바깥 어딘가에서 나타나서는 창틀에 올려놓는다. 내 앞에 있는 소년은 저 손을 의심하지만, 의심하는 소년에게 다른 소년이 저 손은 진짜 손이라는 데 연합국 담배 한

베를린 티어가르텐 공원에서 감자를 캐는 독일 여성들. 1946.

개비를 건다. 의심하는 소년은 손을 내밀어 저 비현실적인 손을 찔러보고 세게 잡아보는데 정말로 진짜 손이다. 한 여자가 승강용 발판에 걸터앉아 창틀을 단단히 붙잡고 있다.

뤼네부르크 광야를 지날 때 올가을 첫눈이 내리고, 기차 지붕과 완충 장치에서 내려와 들여보내달라고 애원하는 사람들은 솜처럼 희다. 다시 땅거미가 내리기 시작하고 객실에 있던 암거래 장사치 몇몇이 묘한 표정을 지으며 엽궐련과 비밀을 주고받는다. 함부르크에 가까워지자 게르하르트는 불안해진다. 그는 이제 더는 미국을 믿지 못한다. 게르하르트는 함부르크로 가는 스물네 시간의 여정 동안 미국의 존재를 믿을 수 있었다. 미국으로 가는 배는 없다는 걸 알고 있지만 아직 스스로에게는 말하지 않았다. 그가 스웨덴에 따라갈 수는 없을까? 나는 그저 선반에 올라가 있는 진흙투성이 감자 자루들을 올려다보며 한마디도 못 하고, 가만히 앉아 양심의 가책을 느낄 뿐이다.

우리는 거의 네 시간, 인플레이션의 언어로는 이백삼십 분 늦게 함부르크에 온다. 눈이 내리고 춥고 바람이 분다. 폐허와 지저분한 벽돌 더미 그리고 사랑이 아니라 먹을 것에 굶주린 레퍼반[4]의 여자들 위로 눈이 내린다. 기름으로 된

---

4 함부르크의 대표적인 유흥가.

지붕 아래 가라앉은 바지선들이 고요히 잠든, 느릿느릿 흐르는 운하로 눈이 내린다. 우리, 게르하르트와 나는 잠시 추위 속을 걸어간다. 그런 다음 우리는 '독일 민간인 사절'이라 적힌 표지판이 붙은 호텔 앞에서 헤어져야 한다. 나는 회전문을 지나 유리잔과 흰 식탁보 그리고 저녁마다 「호프만의 이야기」[5] 삽입곡이 연주되는, 관람석이 있는 식당으로 들어간다. 나는 찬물과 더운물이 나오는 따뜻한 방의 푹신한 침대에서 잘 것이다. 하지만 게르하르트 블루메는 바깥 함부르크의 밤을 계속 걷는다. 그는 항구로 가지 않는다. 그리고 나는 할 수 있는 일이 없다. 일말의 여지도 없이.

---

5   독일 태생의 프랑스 작곡가 자크 오펜바흐의 오페라.

문학과 고통

문학과 고통 사이의 거리는 얼마나 먼가? 둘의 거리는 고통의 본질, 고통의 가까움 아니면 고통의 강도에 달려 있는가? 시와 불 자체로 인한 고통의 거리보다 시와 불의 반사가 일으키는 고통의 거리가 더 가까운가? 시공간에서 우리에게 가까이 있는 예시들은 시와 멀리 있는 닫힌 고통 사이의 거의 직접적인 연관성을 보여준다. 그렇다, 아마도 이미 타인의 고통을 함께 느끼는 이 일은 말을 강렬하게 열망하는 시의 한 형태라고까지 할 수 있을 것이다. 직접적이고 열린 고통은 무엇보다도 고통이 일어나는 순간에는 말을 열망하지 않는다는 점에서 간접적인 고통과는 구별된다. 닫힌 고통과 비교하면 열린 고통은 소심하고 내성적이며 과묵하다.

비행기가 독일의 비와 독일의 눈으로 된 구름 속에서 겨울 저녁을 향해 올라가는 동안, 공항에 살아남아 있던 독일의 흰꼬리수리는 우리 아래 어둠으로 사라지고, 프랑크푸르트의 빛은 어둠의 하늘에서 꺼지며 스웨덴 비행기가 시속 삼백 킬로미터로 독일의 고통 위로 높이 올라갈 때 아마 여행자의 머리에 문득 떠오르는 생각 하나가 있을 것이다. 남아 있어야 한다는 것, 날마다 배가 고파야 한다는 것, 지하실에서 잠을 자야 한다는 것, 순간순간 절도의 유혹과 싸운다는 것, 일 분마다 추위를 떨쳐내야 하는 것, 가장 살기 고된 삶이라도 계속 살아남아야 한다는 건 어떤 것일까? 그리고 내가 만난, 거의 저 모든 게 필요한 사람들을 나는 기억한다. 그리고 무엇보다도 그들이 다른 사람보다 배가 더 고팠거나 더 고통을 받아서가 아니라 고통의 가능성을 의식하고 있었으며 예술과 고통 사이의 거리를 재보려 했기에 몇몇 시인들과 예술가들을 나는 기억한다.

비가 오랫동안 내렸고 이틀 동안 빵집에 빵이 없었던 루르의 어느 날 나는 젊은 독일 작가를 만난다. 그는 전쟁 중 데뷔했지만, 개인적으로 자신의 정신적 비상 탈출구 때문에 그 어떤 전쟁에서도 지지 않은 작가 중 하나였다. 그는 숲 한가운데 있는 아름다운 스위스풍 집을 빌려 지냈는데, 수 킬로미터에 걸쳐 붉게 타오르는 나무들이 그를 폐허가 된 루르의 가장 잔인한 궁핍에서 떼어놓았다. 얼굴이 검고 눈에 핏발이 선 절망하는 광부가 누더기가 된 신발을 벗어 양말을 신지 않은 모습을 나에게 보여준 루르의 탄광 밑바닥에서 나와, 굶주림과 추위가 의식(儀式)처럼 보일 정도로 가꿔진 이 가을의 전원 풍경으로 바로 들어가는 일은 이상하다. 훼손 없이 아름다운 정원에 들어가는 일과 책이 아주 희귀해서 책이라는 이유만으로 경외심을 품고 책에 다가가는, 책 없는 독일에서 단테의 『지옥』부터 스트린드베리의 『지옥』까지 이를 만큼 책이 넘치는 방으로 들어가는 일은 이상한 경험이다.

지친 미소와 귀족의 이름을 가진 젊은 작가는 책과 바꿔온 담배를 피우고 바깥 가을만큼이나 쓸쓸한 차를 마시며 끔찍한 바다가 있는 이 섬에 앉아 있다. 그의 삶의 방식은 정말 이상하다. 굶주린 광부, 정면이 부서진 공동 주택 건물 그리고 지금처럼 비가 올 때 발목 깊이 물속에 있는, 곧 부서질 것 같은 방공호 침대를 쓰는 잿빛 지하생활자로 이뤄진 바깥세상, 그런 세상이 여기에 알려지지 않은 건 아니지만, 가까이 오지는 못하는데, 그런 부적절한 것은 그래야 마땅하다. 작가 자신은 수 킬로미터 떨어진 곳에서 일어나는 일에 극도로 무관심하며, 그의 아내는 마을로 나가 장을 보고, 기차로 학교에 가는 아이들은 저 바깥 삶과 죽음과의 유일하며 평온한 접촉을 제공한다. 가끔 그리고 될 수 있는 한 드물게 작가는 비 내리는 정원에 있는 외로운 집을 떠나, 사막의 은둔자가 오아시스로 향하듯 마지못해 불쾌한 현실로 나간다.

하지만 은둔자도 삶을 살아야 한다. 예외적으로 운이 좋은 경우와는 달리 책을 내지 못하는 독일 작가들은 주로 출장을 다니며 낭독이나 강의로 밥벌이를 하는데, 이는 감기에 걸리고 지치고 글을 쓸 수 없는 상태로 돌아오는 길고 춥고 우울한 출장이다. 그리고 부유해지거나 배를 불리지 못하는 일이다. 책이 있다면 차나 설탕이나 담배를 구하기 위해 팔아야 한다. 타자기가 필요 이상으로 많다면 타자기를 바꿔 원고용지를 구할 수 있으며, 글을 쓸 펜을 가지려면 비싼 값을 치르고 구한 원고용지를 펜과 바꿀 수 있다.

내 은둔자 친구는 세월이 흘러도 변함없이 좋아하는 뫼리케[1]와 부르크하르트[2]에 대한 강연을 한다. 그는 파리에서 보르도까지 독일 점령하 프랑스에 있었던 프랑스-독일 협회들에서 똑같은 강연을 했다. 생각에 잠긴 그는 그때가 가장 좋았던 시절이었다고 말하는데, 사람들은 그곳에

---

1 19세기 독일 낭만주의 서정시인, 소설가이자 성직자.
2 스위스의 미술사와 문화사를 연구한 역사가. 대표작으로 『이탈리아 르네상스의 문화』(1860)가 있다.

서 귀를 더 잘 기울였다고, 1940년부터 1944년까지 점령되었던 프랑스의 분위기가 1946년 폐허가 된 루르보다 강연에 더 호의적이었다고 주장한다. 당연히, 그가 말한다. "저는 상황을 의식하고 있었지만 독일과 프랑스 문화가 서로 가까워지는 일에 제가 기여하는 걸 왜 군사적 필요성[3]이 방해해야 했을까요." 익숙해지기 전까지는 그의 말이 냉소적으로 들리는데도 현실은 훨씬 더 냉소적이었다. 나는 책장에서 1941년에 인쇄된 휠덜린과 뫼리케 시집의 자그마한 군용 보급판을 발견한다. 이론상으로는 안주머니에 뫼리케의 시집이 있는 독일군 병사가 그리스를 점령했다는 상상을 하고, 그런 다음 또 러시아 마을 하나가 땅과 높이가 같아질 정도로 초토화된 뒤 읽다 멈춘 휠덜린을 다시 읽는 독일군 병사들을 상상할 수 있다. 사랑은 시간과 육신의 죽음을 모두 물리친다고 말했던 독일 시인을.

하지만 모든 질문에 대해 만족스러운 답변이 있다. 전쟁에는 그 나름의 법이 있다는 말로 잔인함은 해명될 수 있다. 어쨌든 자신은 프랑스 저항운동을 높이 평가한다고, 그렇다, 독일의 저항운동은 국가적으로 정당화되지 않았기 때

---

[3] 전쟁 수행 중 그대로 두게 되면 적을 이롭게 할 수 있는 목표는 국제인도법을 일탈하지 않는 범위 내에서 최소한도의 생명 손실과 자원 손실로써 공격할 수 있음을 뜻하는 원칙.

문에 자신은 다른 모든 저항운동을 높이 평가한다고 말할 때 이는 냉소주의가 아니다.

"입을 다물 수 없었던 사람들만 강제 수용소에 갔습니다. 왜 사람들은 십이 년 동안 침묵으로 버텨내질 못했습니까?"

"십이 년이 될 줄 그때 어떻게 알았겠습니까?"

"더 오래 갔을 수도 있었습니다. 당연하게도요. 하지만 그럼 그 후는요? 이 역시 역사적 관점에서 고려하는 게 어떨까요? 일어나는 일을 마치 백 년 전에 일어났던 일처럼 판단하는 게 어떨까요? 엄밀히 말하면 역사가가 현실을 자신의 맥락에 놓기 전에는 현실이 존재하지 않고, 그땐 현실을 경험하기에는, 현실에 화를 내거나 울기에는 너무 늦습니다. 현실이 현실이 되기 위해선 나이가 들어야 합니다."

그리고 그 말은 맞다. 루르의 단독주택에 있는 이 방에는 현실이 없다. 오후에 은둔자 친구의 아내가 방에 울며 들어와서는 조금 전 빵집에서 있었던 일을 이야기한 건 사실이다. 큰 지팡이를 든 남자가 공포에 사로잡혀 차례를 기다리는 여자들을 새치기하더니 마지막으로 남아 있던 빵을 강제로 가져갔는데, 줄에 서 있던 그 누구도 막을 엄두를 내지 못했다. 하지만 타고난 고전주의자에게는 이 간주곡이 바로 지금 자신의 삶에 영향을 미치는 비참한 현실을 강요할 정도로 충분히 고통스럽지는 않다. 우리는 내려앉기 시작하는 어둠 속에 앉아 바로크를 이야기한다, 방은 온통 바로크로 가득 차 있으며, 탁자에는 건축양식으로서의 바로크에 대한 두꺼운 독일 박사학위 논문들이 놓여 있다. 은둔자 친구는 호프만스탈[4]이 완성하지 못한 계획에 바탕을 둔 바로크 시대 소설을 쓰고 있는데, 빵이 부족한 문제에 시달리며 굶주림을 생각하는 변장한 현대인이 아니라 바로크식 사유를 하며 바로크식 삶을 사는, 바로크의 육체와 바로크의 피로 된 진정한 바로크 시대인이 될 등장인물들에 어울리는 참다운 현실을 만들기 위해 바로크 시대의 건축에 관한 것은 모조리 읽고 있다. 바로크, 이는 기아로 인한 폭동이 시작되려는 루르에서 시대에 거의 맞지 않는 생활방식이라 생각될 수 있다. 하지만 시대에 맞는 것일지도? 너무 늦기 전까지는 시간이 존재하지 않는 이 문학 공방에서는.

하지만 고통은 어디에 뿌리를 내리고 있는가? 그는 고통의 행복을, 고통의 아름다움을 말한다. 고통은 더럽지 않으며, 고통은 불쌍하지 않다. 그렇다, 고통은 사람들을 위대하게 만들기 때문에 위대하다. "만일 독일인들이 다른 사람

---

[4] 세기말의 서정극으로 유명한 오스트리아의 시인이자 극작가.

들보다 더 많은 고통을 겪어야 했다는 사실로 설명이 안 된다면 옛 독일 문화의 정복은 어떻게 설명할 건가요!" 고통은 가치 없는 거라고 그를 설득할 수는 없다. 그의 마음속에 있는 낭만주의 역사가는 고통을 위대한 인간 행동의 가장 강력한 원동력이라 인정하며, 타고난 고전주의자는 고통을 위대한 문학의 원동력으로 인식하는데, 위대한 문학이 반드시 고통에 대한 문학일 필요는 없다.

저녁 식탁에는 귀족 신분과 영양실조가 엇비슷한 비율로 만들어진 귀족적 창백함을 한 작가의 어머니가 독일이 겪는 고통의 행복에 아들과 똑같이 기뻐하며 말한다. 우리는 지금 당장 먹을 게 없어 감자와 케일을 먹는데, 강권은 엄밀히 말하면 반어적이지만, 가족들은 서로 조금 더 먹으라고 권한다. 교양 있는 가족에게 굶주림은 흥분제처럼 사용된다. 이번 끼니는 마지막에서 두 번째로 먹어버리는 타자기라서 특별한 의미가 있다. 나는 많아봤자 타자기 키 한 개 아니면 두 개 정도만 조금 먹는다. 그런 다음 작가는 절대 내놓지 않은 마지막 타자기와 바로크로 돌아갔고, 나는 되도록 바로크 색채가 덜한 루르 지역으로 차를 타고 나간다. 집으로 가는 여학생 둘을 정원에서 만났는데, 레르네트 홀레니아의 단편소설에서 이름을 딴 마레시, 그리고 1940년 프랑스에서 거두었던 승리에서 이름을 딴 빅토리아로, 아이들은 영양실조로 창백하다. 하지만 차가 뒤셀도르프를 지나 돌아갈 때 바로크의 투실투실한 천사가 어두운 폐허를 향해 유령 같은 날개를 펼치는 광경이 보이는 것 같다.

한 달 후 하노버에 있는 어느 화가의 아틀리에. 우리는 패전과 새로운 독일 예술을 이야기한다. 나는 이상하게 마음이 흔들리지 않는 전시회들을 봤다. 아마 가장 흥미로웠던 건 화가로서가 아니라 강령 입안자로서 주목할 만한 이 상주의적 공산주의 예술가 집단의 전시회였을 것이다. 아름답게 글로 만들어 전시된 강령에서 그들은 거대한 노동조합으로의 세계 재구성에 대한 지지를 표명한다. 현존하는 구성단위는 모두 베르크(Werk-, 일, 작품)라는 단어와의 합성어로 교체된다. 예술가에 대해서 더는 말하지 못하지만 베르클로이테(Werkleute, 생산 노동자)에 대해서는 말할 것이며, 아틀리에에 대해서 더는 말하지 못하지만 베르크슈테테(Werkstätte, 작업장)에 대해서는 말할 것이고, 나라에 대해서 더는 말하지 못하지만 게베르크샤프텐(Gewerkschaften, 노동조합)에 대해서는 말할 것이다 등등. 그곳에는 강령에 따른 폐허도 있었다. 무대 안쪽에 있는 완전히 비현실적인 무대 장치의 폐허였다. 그 앞에는 꽃을 가지고 노는 두 아이가 있었다. 형편없는 무대 말고 다른 건 없었다.

문학과 고통

또 다른 전시회에서 가장 일반적인 주제는 폐허가 아니라 패전의 모나리자 미소를 지으며 바닥에 부서진 채 뒹굴고 있던 고대 그리스와 로마 시대풍 조각상의 머리통이었다.

"그런데 만일 제가 폐허를 그린다면요." 하노버의 화가가 말한다, "폐허라서가 아니라 폐허가 아름답다고 생각해서 그리는 겁니다. 보기 흉했다가 폭격 후 아름다워진 건물이 많이 있어요. 하노버의 박물관은 특히 햇빛이 부서진 지붕을 뚫고 들어올 때 정말 폐허에 딱 맞게 보입니다."

그는 느닷없이 내 팔을 붙잡는다. 우리는 부서진 거리를 내다본다. 세상에서 가장 단정한 광경인 검은 수도복 차림을 한 수녀들의 행렬이, 가장 단정치 못한 광경인 덩굴처럼 뻗은 파이프와 교수대 모양 서까래가 있는 외설적인 폐허와 대조되어 돋보인다.

"언젠가는 저 광경을 그릴 겁니다, 폐허라서가 아니라 대비가 '빌어먹을, 아주 충격적'이라서요."

폭격당하는 1945년 2월 3일 베를린. 어느 독일 잡지에 실렸으며 최근에 끝난 고통과 맞붙어 싸우는 젊은 독일 작가[5]의 몇 안 되는 증언인 장편소설의 한 장(章)에 나오는 날

---

5 전후 독일의 혼란과 절망을 그린 '폐허문학'의 대표적인 소설가 하인츠 라인.

짜다. 이 장은 전차 차장의 마지막 오후를 그린다. 그는 평소와는 다른 시간에 집에 왔다가 집이 비어 있는 걸 발견한다. 그의 딸은 뇌전증으로 고통받고 있었기 때문에 무슨 일이든 있을 수 있었다. 그리고 미군의 대대적 공격이 베를린을 향해 다가오는 동안 차장 막스 에케르트는 친척들이 수천 명의 사람들과 함께 신원을 알아볼 수 없게 불타 죽은 지하 역에서 끝나는 끔찍한 오디세이아를 시작한다. 분노에 찬 차장은 '하일 히틀러'라고 인사하는 경찰관에 들이덤비다 총에 맞는다. 곧 출간될 소설 『최후의 베를린』의 암울하며 싸늘한 발췌인데, 고통에 대한 집단 소설이자, 독일 대도시의 주민에게 공유재산이며 여전히 비통함, 히스테리, 반감, 매정함 같은 감각 안에 살아 있는 끔찍한 고통, 폭격을 당한 사람들의 끔찍한 고통에 대한 해석이 될 것 같다.

그동안 스웨덴 비행기는 독일의 고통 위로 훨씬 더 높이 올라갔다. 우리는 독일의 흰 저녁 구름 위를 날고 있고 창에는 구식 장미 장식에 서리가 끼어 있다. 하지만 몹시 비스듬한 각도로, 우리보다 약 삼천 미터 아래에는 한 여자가 강제 수용소 수용자들의 고통이라는 또 다른 고통에 대한 위대한 소설을 쓰겠다는 목표만으로 삶을 살아가고 있다. 그녀는 정치범 수용소에 수년 동안 갇혀 있었다. 수용소에서 그녀는 이른바 릴케 모임에 있었는데, 쉬는 시간에 목숨을 걸고 수용소 한쪽 구석에 모여 릴케의 시를 서로 속삭이며 읽어주는 여자들의 소모임이었다. 하지만 그녀가 글로 쓰려는 건 자신의 고통이 아닌데, 더 큰 고통인 남편의 고통을 글로 쓰고자 한다. 남편은 다하우 강제 수용소[6]에 팔 년 동안 갇혀 있었으며 이십 년은 더 빨리 노인이 되었다. 머리는 세었고, 걸음은 비틀거리며, 목 졸린 듯 쉰 목소리로 말한다. 두 사람이 잠들기 전 저녁에, 깨어 있는 시간에, 식사 시간에 그녀는 남편이 말을 하도록 애쓰지만 남편은 그녀를 이해하지 못한다. 그는 자신이 겪었던 일을 아내가 글로 쓰려는 걸 이해하지 못한다. 그리고 가까이 지내는 사람 아무도 그녀를 이해하지 못한다. 최근에 러시아 포로수용소에서 돌아왔으며, 잡혔을 때 총에 맞지 않아서 다른 귀향자와는 극심하게 대조적으로 열렬한 친러파가 된 남자도 역시. 그는 스탈린그라드에서 포로로 잡혔는데, 한번은 동료 병사들이 재미로 독특한 사진을 찍으려고 다리 난간을 벌거벗은 러시아인들의 시체로 장식했던 일을 쉬지 않고 이야기한다. 그는 자신이 생존을 허락받았다는 사실을 결코 이해할 수 없을 것이다. 정치범 감화원에서 삼 년을 보냈으며, 감자 한 자루를 구하기 위한 사흘간의 이백 킬로미터 여정에

---

[6] 1933년 뮌헨 북서쪽에 세워진 독일 최초의 강제 수용소.

독일 항복 이후 베를린. 1945.

서 돌아왔던 실리적이며 외향적인 아니도 그녀를 이해하지 못한다.

하지만 글을 쓰려는 여자는 일 년 동안 남편의 고통에 대해 다음과 같은 사실보다 더 자세히 알 수는 없었다고 비통하게 말한다. 밤에 탈주자가 있었고, 동틀 녘에 수용자 전원이 정렬해서는 온종일 그리고 그날 밤과 그다음 날 내내 장대비를 맞으며 차렷 자세로 서 있어야 한다. 이를 견디지 못하는 사람은 패배한다. 한낮에 탈주자가 끌려 돌아오고, 간수들은 그의 몸에 커다란 북을 묶는데, 그는 온종일 동료들 앞에서 분열행진을 해야 한다, 행진에, 온종일 같은 행진에, 자신만의 죽음의 행진에 맞춰 북을 두드리며. 동료들이 그를 마지막으로 본 건 자정, 그가 쓰러졌을 때다.

끔찍한 일화지만 책 한 권이 되기에는 충분치 않으며, 그녀는 더 자세하게 알 수 없다. 고통은 겪은 것이며 그 후에는 없어야 한다. 고통은 더러웠고, 혐오스러웠으며, 비루했고, 사소했기 때문에 이를 말하거나 글로 쓰는 일은 없어야 한다. 문학과 가장 컸던 고통 사이의 거리는 너무 짧고, 고통이 정화된 기억이 되었을 때야 비로소 글을 쓸 수 있는 시간이 된다. 그렇지만 그녀는 여전히 희망을 놓지 않으며, 남편과 오롯이 있을 때마다 자신에게 고통에 펜을 담그는

미군에 해방된 다하우 강제 수용소. 1945.

브레멘 공항 전경. 1946.

힘을 줄 말을 들을 수 있기를 바란다.

고도 삼천오백 미터. 창에는 서리가 짙게 끼고 있다. 달은 냉기를 고리처럼 두른 채 떠 있다. 현재 위치를 안내하는 방송이 나온다. 우리는 브레멘 상공을 비행하고 있지만 브레멘은 보이지 않는다. 갈가리 찢긴 브레멘은 짙은 독일의 구름 아래에 말 없는 독일의 고통만큼이나 헤아릴 수 없게 숨어 있다. 우리는 바다 위를 날아가며 구름과 달로 된 이 움직이는 대리석 바닥에서 깊이 얼어붙은 가을의 독일에 작별을 고한다.

수록문 출처

독일의 가을 단행본 출간 전 미발표.

폐허 「위로의 근원으로서의 슬픔(Bedrövelsen som tröstegrund)」, 『엑스프레센』, 1946. 12. 29.

폭격당한 묘지 「지옥에서의 삶의 즐거움(Livsglädje i helvetet)」, 『엑스프레센』, 1946. 12. 31.

가난한 사람의 케이크 「폐허 도시의 서민(De minst fattiga i ruinstaden)」, 『엑스프레센』, 1947. 1. 7.

전락의 기술 「눈을 뜬 채로 전락하는 기술(Konsten att sjunka med öppna ögon)」, 『엑스프레센』, 1947. 1. 12.

환영받지 못하는 사람들 「의지할 곳 없는 화물 열차(Det hemlösa godståget)」, 『엑스프레센』, 1947. 1. 28.

경쟁 상대 「기성세대의 지배를 받는 독일 청년 세대(Tysk ungdom under gubbvälde)」, 『엑스프레센』, 1947. 2. 4.

잃어버린 세대 「청년 세대의 책임, 슈투트가르트에서의 대화(De ungas ansvar, dialog i Stuttgart)」, 『엑스프레센』, 1947. 2. 7.

정의의 과정 「법정 앞에서의 희비극(Tragikomedi inför domstol)」, 『엑스프레센』, 1947. 2. 11.

뮌헨의 어느 추운 날 「존경할 만하나 매우 위험함(Aktningsvärd men livsfarlig)」, 『엑스프레센』, 1947. 2. 14.

교수형당한 사람들의 숲을 지나며 「교수형당한 사람들의 숲을 지나며(Genom de hängdas skog)」,『엑스프레센』, 1947. 3. 7.

함부르크로 돌아가다 단행본 출간 전 미발표.

문학과 고통 「문학과 고통(Litteratur och lidande)」,『엑스프레센』, 1947. 4. 28.

작품 해설

'좋은 전쟁'의 명암, 그리고 순응적 대중 사회의 현실

박노자

이차세계대전은 여러모로 '특별하게' 인식된다. 전쟁은 본래 역사 교육의 하이라이트에 해당되며 영화나 게임 등 대중문화의 '소재'가 너무나 쉽게, 너무나 자주 되곤 하지만, 이차세계대전은 아마도 현재 가장 자주 소환, 호명되는 전쟁이다. 미국이나 서유럽에서도 그렇지만, 정치적으로 지금 반대편에 서 있는 중국이나 러시아에서는 더더욱 그렇다. 가장 최근에 있었던 초대형 전쟁이라는 사정도 당연히 있지만, 승전국들이 계속해서 '히틀러와의 전쟁'에 대한 집단 기억들을 소환하는 데는 또 다른 의미도 있다. '파시즘과의 전쟁' 이외에는 도덕적인 명분을 찾아낼 수 있는 전쟁이란 최근의 역사상 그다지 보이지 않기 때문이다.

오늘날의 입장에서 일차세계대전은 열강들의 각축이 초래한 무의미한 도살로밖에 해석되지 않는다. 예컨대 미국이 스페인과 벌인 전쟁(1898)은 '제국주의 전쟁'의 전형

적 사례로 보일 뿐이며, 베트남 전쟁에서의 미국의 도덕적 명분 상실은 아직도 윗세대에게 생생히 기억에 남는다. 전체적으로 미국의 전쟁사는 자랑스러운 역사보다 부끄러운 역사로 더 자주, 더 설득력 있게 해석되며, 영국이나 러시아도 크게 다르지 않다. 유독 이차세계대전에 대해서만 여전히 '좋은 전쟁(good war)'과 같은 언사들을 지속적으로 쓸 수 있다. 그만큼 이 전쟁에서 연합국에 대항한 나치 독일의 정권은 인류의 상식으로 납득이 가지 않을 정도의 조직적 범죄성, 잔혹성을 보였기 때문이다. 그 당시 세계 최대의 식민지 보유국인 영국이나, 흑인 등에게 사실상 시민권을 여전히 제대로 부여하지 못한 구조적 인종주의 국가 미국, 아니면 사회주의 혁명을 관료 독재로 변질시킨 스탈린 정권을 그 자체로서 '선(善)'으로 보긴 힘들다. 그런데도 히틀러에 비해 그들은 차선 내지 차악으로 충분히 보일 수 있었다. 그러기에 이차세계대전에 대한 집단 기억들은 옛 연합국의 국가적 명분과 직결돼 있으며, 자주 소환될 수밖에 없는 운명에 처해 있다. 승전국의 도덕적 명분은, 이런 데에서 찾지 않으면 어디에서 찾겠는가?

스티그 다게르만의 이 책이 보여주는 것은, 바로 이 '좋은 전쟁'이라는 서술이 상당 부분 허구에 불과하다는 점이다. 이 책은 그가 1946년 가을, 즉 독일 패전 약 일 년 반 후에 독일을 여행하면서 관찰한 것들을 기록하고 있다. 전쟁은 아직 모두의 기억에 생생한 가까운 과거였고, 승전국들의 전후 독일 '처리'는 독일인들이 겪고 있는 당면 현실이었다. 아쉽게도 승전국들의 전쟁 수행 방식도 전후 독일과 독일인에 대한 태도도 '좋은 전쟁'의 등식에 들어맞지 않았다. 물론 전쟁의 발단 차원에서 연합국들은 방어전이라는 명분을 보유했다. 일차세계대전에서 패배해 식민지들을 잃은 독일이야 새로운 식민 영토들을 찾으려고 침략, 팽창 전쟁에 나섰지만, 이미 세계 최대의 식민지 보유국인 영국이나 북미 대륙 전체를 제패할 수 있는 대륙형 국가 미국은 굳이 그 이상의 팽창을 필요로 하지도 않았다. 스탈린의 소련은 신생 공업 국가로서 독일을 침략하긴커녕 미국 등의 기술, 물자 지원 없이는 대독 방어전도 나서지 못할 처지였다. 그러나 전쟁의 '발단'은 패전국 독일이 범한 것이었지만, 전쟁의 '수행'에 있어서는 가면 갈수록 연합국과 독일 사이의 차별성이 없어져 가고 있었다. 이 사실을 스티그 다게르만의 책은 매우 명확하게 보여준다.

이 책의 무대는 폭격으로 폐허가 된 독일의 도시들이다. 비무장 시민들이 사는 도시들에 대한 융단 폭격을 나치 독일이 먼저 시작한 건 틀림없다. 1940년 독일 공군의 영국 코번트리 폭격에 도시의 삼분의 이가 초토화되고 약 육백 명의 주민들이 사망했다는 건 잘 알려진 사실이다. 그러나 1942년 이후로는 훨씬 더 많은, 성능 좋은 폭격기를 가지고 있으며 이미 제공권을 확보한 연합국들은 융단 폭격의 '성과'에 있어서는 나치 독일을 훨씬 더 능가하기 시작한다. 1943년 7월 27일-28일의 함부르크 폭격 때에는 약 삼만오천 명의 독일 민간인이 희생되고 약 팔십만 채의 주택이 파괴됐다. 함부르크의 파괴율은 팔십오 퍼센트에 달했다. 다게르만이 이 책에서 지적했듯이 노동자들이 밀집하게 사는 동네들이 가장 많은 피해를 입었던 반면 중상층의 고급 주택가는 오히려 비교적 성한 모습으로 남았다. 이는 연합국의 의도적 전략이었다. 군사 시설도 아닌 시민들의 주택을 파괴한 이유는, 그렇게 해서 '독일인들의 사기를 완전히 꺾기 위함'이었다는 것이다. 즉 대량 파괴는 '다수의 독일인'을 상대로 펼치는 일종의 심리전이었다. 무차별적인 살육은 다수의 적국 국민들의 전의(戰意)를 상실하게끔 해야 했다. 그렇다면 무차별 살육의 의도적인 사용은 과연 히틀러 독일의 범죄적인 전쟁 수행 방식과 어디까지 본질상 달랐는가 하는, 참으로 불편한 질문은 제기되지 않을 수 없었다.

전시 융단 폭격은 약 칠백만 명의 독일 민간인들을 무

주택자로 만들었다. 이들이 폐허 속에서 간신히 생명을 이어가는 모습을, 다게르만은 매우 생생히 보여준다. 그러나 승전을 위해 엄청난 파괴를 서슴지 않았던 승전국들은, 전후 독일의 폐허에서 허덕이는 패전국 국민들을 '도와주려는' 기색은 전혀 보이지 않았다. 물론 나치 독일과 달리 그들은 피점령 주민들을 인종적으로 차별하거나 대량 살육하지 않았지만, 1945년과 1947년 사이 독일 민간인들의 생활 여건은 1939년 이후 독일군이 점령한 유럽 지역들의 현지인 생활 여건을 방불케 할 정도였다. 다게르만이 이 책에서 언급한 영국의 유대계 출판인 빅터 걸랜츠가 1946년에 독일을 방문했을 때 뒤셀도르프에서의 일인당 배급량은 하루 약 1,500칼로리에 불과했으며 그것도 제대로 지급되지 않는 경우가 많았다. 독일 서쪽 지역의 평균은 1,000-1,500칼로리였다. 정상적으로 활동하려면 일인당 하루 2,000칼로리 이상인데, 전후 독일의 폐허에서 이 정도로 섭취할 수 있었던 것은 엄청난 '특권'에 속했다. 독일 접경 지역(네덜란드, 벨기에, 프랑스 등)의 식량 사정이 어느 정도 정상화됐음에도 불구하고 유독 독일에서만 기아적 생존이 이어졌다.

독일 민간인들을 상시적으로 배고픈 상태로 묶어두는 것은 우연이 아닌 연합국 점령 당국의 정책 결과였다. 미국 점령지역의 경우 미 합동참모본부(JCS) 지령 1067호는 명시적으로 피점령 독일 지역의 경제 부흥에 일조하는 그 어떤 조치도 금지하고 있었는데, 그런 조치 없이는 식량 사정도 크게 좋아질 리가 없었다. 경쟁 열강이었던 독일을 쓰러뜨린 연합국들은, 그 주민들에 대한 어떤 '공감'도 하지 않았으며, 그들의 참극에 무관심했다. 그들의 입장은 1947-1948년 국제 냉전의 본격화 이후에야 바뀌었다. 냉전 속에서 독일의 서부 지역은 미국 진영의 '최전선'이자 '보루'가 돼야 했기 때문이다. 그때 가서야 이용 가치가 있어 보이기 시작한 서독 지역에서는 화폐 개혁 등 경제 부흥으로 이어진 일련의 조치들이 취해졌다. 철저하게 국가 단위의 이기주의를 바탕으로 하는 이같이 매우 잔혹한 태도는, 과연 나치 이데올로기의 출발점이었던 무한한 국가 내지 민족 이기주의와 어느 정도 달랐는가를, 이 책을 읽어가는 우리들이 고민해야 할 부분이다.

물론 독일 민간인에 대한 다소 잔혹한 정책의 근저에는 나치 독일의 범죄와 관련된 독일인들의 '집단 책임'에 대한 관념이 깔려 있었다. 철저한 반파시즘 신념의 소유자인 다게르만에게는 물론 그가 만난 독일인들의 히틀러, 나치, 히틀러 범죄와 그 범죄의 책임 소재에 대한 생각들이 가장 궁금했다. 이 책에서 보여주듯이, 다게르만이 폐허의 독일에서 발견한 것은 나치 과거에 대한 이념적 정당화 시도나 어떤 반성과 참회보다 일차적으로 허탈과 생존에의 집중이었다. 기아와 폐허 속에서 허덕이고 있었던 독일인 대부분에게는, 그 얼굴 모를 나치 정권의 피해자는커녕 서로에게 공감할 능력마저도 많은 경우 결여돼 있었다. 패배를 당해 파괴된 전체주의적 사회는, 오로지 나와 나의 피붙이만의 생존만 도모하는 각자도생의 장이 됐다. 이와 비슷한 광경을, 한국에서도 해방 직후의 혼란이나 특히 한국전쟁 직후의 원자화된 사회상에서 충분히 지켜볼 수 있었다. 만약 독일 민간인에 대한 승전국들의 태도가 덜 잔혹했다면 전쟁 범죄에 대한 책임 의식도 보다 빨리 형성되지 않았을까 하고, 충분히 상상해볼 수 있는 대목이다.

패전 직후에는 반성보다 혼란과 자기 합리화가 훨씬 더 흔했다. 연합국 당국의 독일 경제 부흥 금지 정책이나 백만 명 넘는 독일 전쟁 포로의 강제 노동 이용 등은, 그들이 독일에 이식하려 했던 민주주의를 위한 좋은 '광고'는 전혀 아니었다. 많은 독일인들의 입장에서는, 연합국의 언행불일치는 위선에 가까웠다. 이 위선을 응시하고 있었던 많은 독일인들의 냉소주의적 반응을, 이 책은 잘 포착해낸다. 특히 독일에서 주둔한 미군들은 연합국들의 반파시즘이 일종의 위선으로 보일 만한 근거들을 많이 제공했다. 이차세계대전에 참전한 약 천육백만 명의 미군 중에서 약 백만 명은 흑인 병사들이었다. 그러나 그들은 독일에서 주둔했을 때도 흑인만의, 인종별로 나뉜 부대 막사에서 지내야만 했다. 미군은 여전히 인종 분리 정책을 고수했다. 독일 현지인 여성을 사귀어도, 1948년 이전까지 미군은 인종 간의 결혼을 금지했기에 그녀와 합법적으로 혼인할 수 없었다. 많은 독일인들의 시각에서는, 미국의 이와 같은 인종주의적 법률, 관습 들은 놀라울 정도로 히틀러 독일의 일상을 방불케 했다. 실제로 히틀러 독일의 '인종적 청결'에 대한 법률들을 정한 법률가들이 이용했던 전례 중 하나는 바로 미국 여러 주의 '인종 간 결혼 금지법(anti-miscegenation laws)'이었다. 이와 같은 상황에서 미군을 위시해 연합군 군정 당국이 진행한 탈나치화 재판들은, 진정한 반성과 참회보다 흔히 피고들의 자기 보호적인 반응만 이끌어냈다.

이 책에 나온 것처럼 재판에 회부된 옛 나치당 당원들은 반성보다 '생존을 위해서 입당했으며 마음속으로는 나치가 아니었음'을 보여주려고 애썼을 뿐이다. 연합국 당국의 선전과는 달리, 군정하에서 독일인들의 진정한 의미의 '과거에 대한 자성'은 제대로 이루어지지 않았던 것이다.

다게르만이 독일에서 계속 듣곤 했던 '생존을 위한 나

치와의 타협'에 대한 변명들은 물론 어디까지나 변명이었다. 아무리 생존이 가장 급해도 독일 주민들의 여러 부류(유대인, 공산당원, 동성애자, 상당수의 장애인 등)들을 '비국민' 취급하고 나아가 집단 살육하려 하는 정권이 범상한 국민 국가가 아니었음을, 민주적 바이마르 공화국 시대에 다원적 사회 속에서 살아온 독일인들은 충분히 판별할수 있었다. '오로지 생존을 위해서였다'는 변명 뒤에, 일부 특정 집단이 멸종을 당해도 본인만큼 부강해진 독일에서는 어떤 번영을 누릴 수 있을 거라는 타산이나 나치당의 민족주의적 야망과의 일정 정도 느꼈던 공명 등은 숨어 있었던 경우가 많았다. 역사학적 연구 결과에 의하면 나치 독재 정권에 대한 동의의 정도는 계급과 나이, 지역, 종교 등 여러 변수에 따라 각계각층에서 달랐다. 예컨대 과거에 공산당이나 사민당 계열에 속했던 노동자들은 중산층에 비해 나치 정권과 더 거리를 두었다. 그렇다 하더라도 그들 중에서 적극 저항에 가담한 사람들은 극소수에 불과했으며 다수는 생존을 위한 타협의 길을 택했다. 끔찍한 독재 정권 앞에서의 대중의 '순응주의'에 대한 탐구는 바로 이 책의 중요한 주제다.

이와 같은 측면은 독재의 경험을 갖고 있는 한국 사회에 상당히 현재적이다. 우리는 흔히 민주화 운동의 찬란한 역사를 자랑스럽게 내세우지만, 반독재 운동과 실질적으로 공존했던 것은 독재 정권에 대한 수많은 이들의 '순응'이었다. 한국군이 1980년 광주에서 민간인들을 학살했음에도 특정 종교(나치 독일에서도 탄압의 대상이 된 여호와의 증인) 소속이 아닌 병역 거부자는 한국에서 2002년에 이르러서야 나왔다. 1980년대부터 2000년대까지 전경이나 의경들의 시위 진압 명령 거부는 몇 번 있었지만 극히 드물었다. 명분 없는 정권, 정권의 명분 없는 행동이라 하더라도, 이에 대한 적극적인 정면 도전은 한국 사회에서 결코 쉽지 않았다. 서슬이 퍼런 군사 정권은 아니더라도 명분보다 생존, 나아가 나(만)의 번영은 우리에게 훨씬 더 자주 선택된다. 대기업 경영권이 아무리 세습되고 대기업 총수들이 각종 비리로 유죄 판결을 받아도 대기업 취직을 희망하는 대부분의 사람들에게 이는 하등의 문제가 되지 않는다. '순응적 대중'의 사회에서 사는 우리들에게 이 책이 어떤 (매우 필요한) '거울'이 되기를 기대한다.

역사학자 박노자는 한국사회의 뿌리 깊은 전근대성에 대한 근본 성찰을 가능케 하는 날카로운 칼럼들을 꾸준히 써왔다. 현재 노르웨이 오슬로대학교에서 한국학과 동아시아학을 가르치고 있으며, 저서로 『당신들의 대한민국』(2006), 『좌우는 있어도 위아래는 없다』(2008) 등이 있다.

옮긴이의 말

 "나(스티그 다게르만)는 아직 기자가 되지 않았고 결코 기자가 되지도 않을 거라는 걸 나는 알고 있어. 완벽한 기자를 구성하는 모든 개탄스러운 속성에 전념할 마음이 없어. 나는 연합국 기자 전용 호텔에서 만나는 사람들을 이해하기 힘들어. 그들은 많은 이들의 굶주림보다 작은 단식 투쟁이 더 흥미롭다고 생각해. 굶주림으로 인한 폭동은 세상을 놀라게 하지만 굶주림 자체는 그렇지 않으며, 이곳의 가난하고 비통한 사람들이 생각하는 것은 재앙 속에서 가난과 비통함이 터져야 흥미를 일으켜. 저널리즘은 가능한 한 일찍 너무 늦게 오는 기술이야. 나는 결코 그 기술을 익히지 않겠어."
―울로프 라게르크란츠,『스티그 다게르만』, 1958.

예리한 정치적 분석과 비범한 산문을 통해 집단 죄의식의 마비뿐 아니라 개인의 고통 역시 공감을 바탕으로 탐

구하는 르포르타주 스티그 다게르만의 『독일의 가을』이 출판된 지 칠십사 년이 지났다. 이 작품은 그 이후로 2021년까지 총 열일곱 개 언어로 번역되는 등 현대 르포르타주의 고전 반열에 들었고, 스웨덴어판 역시 거듭 재발간되었으며 가장 최근에는 2010년에 출판되었다.

다게르만은 유럽의 전후 세계에 직면한 유일한 스웨덴인은 아니었다. 전쟁 후 몇 년 동안 스웨덴의 모든 주요 신문은 황폐해진 독일 점령지역에 취재원을 보냈다. 다양한 기질과 성향에도 불구하고 전후 독일을 보도했던 스웨덴 저자 대부분은 비관적인 견해 안에서 하나가 되었다. 그들은 독일인들의 의도를 의심했고 민주주의에 대한 그들의 진정한 의지를 불신했다. 그들의 눈에 독일인들은 자기 고통에 대한 연민과 자기 통찰의 결여에서 벗어나지 못하는 사람들이었다. 사실 이러한 인식은 종전 후 연합국 점령지역에서 감지되었던 불길한 정치적 기류와 관련이 있었다. 독일 사회 곳곳에서 연합국의 탈나치화 정책이 기대에 미치지 못했음을, 그리고 보수주의로의 정치적 회복이 임박했음을 시사하는 징후가 많았다. 다게르만 역시 이에 대해 비판적으로 그려냈으나 이에 그치지 않고 피상적인 보도를 넘어 독일의 현실로 더욱 깊이 들어가고자 했다.

전쟁 중에는 스웨덴의 생디칼리슴 진영 신문사에서 적잖은 글을 썼으며, 1945년 문단의 찬사를 받은 장편소설 『뱀(Ormen)』으로 데뷔한 신예 작가 스티그 다게르만. 그는 두 번째 장편소설 『심판받은 사람들의 섬(De dömdas ö)』(1946)을 낸 후 1946년 가을, 스웨덴 일간지 『엑스프레센(Expressen)』의 요청으로 전후 독일의 현실을 스웨덴에 알리기 위해 독일로 떠났다. 일반 특파원들은 취재 과정에서 연합국 점령지역 군정 당국의 협력에 전적으로 의존했는데, 이로 인해 기사 작성자의 자유가 제한되었다. 반면 독일 출신 아내의 일가친척을 방문한다는 목적으로 독일 입국 사증을 신청할 수 있는 청년 작가라면 그들과는 다른 방식으로 취재할 수 있었을 것이다. 실제로 그는 독일에서 아내의 친지들과 생디칼리슴 동조자들에게 많은 도움을 받았다. 『엑스프레센』편집국은 이런 점에서 완전히 다른 유형의 보도 기사가 나올 수 있으리라 생각했다. 1946년 늦가을에서야 실현된 이 여정에서 다게르만은 전후 독일을 외부의 간섭이나 검열 없이 자신이 겪은 그대로 보도할 수 있는 완전한 자유가 있었다. 『엑스프레센』은 6편에서 10편 사이 분량의 지면 게재가 가능하다고 알려주었으며, 만일 여비가 충분하지 않다면 추가로 지급해주겠다는 약속과 함께 적잖은 여비를 그에게 선지급했다. 심지어 독일 취재 중에 연재할

지 아니면 귀국 후에 할지를 다게르만이 직접 결정할 수 있게 했다.

스웨덴에서 열차로 출발해 덴마크를 거쳐 1946년 10월 15일 저녁 함부르크에 도착한 후 약 두 달 동안 다게르만은 영국과 미국의 점령지역 곳곳을 방문할 수 있었으며, 주요 방문 도시는 함부르크, 베를린, 하노버, 뒤셀도르프, 쾰른, 프랑크푸르트, 하이델베르크, 슈투트가르트, 뮌헨, 뉘른베르크, 다름슈타트였다. 1946년 12월 10일 프랑크푸르트에서 비행기를 타고 스웨덴으로 돌아온 다게르만은 1946년 12월 26일부터 1947년 4월 28일까지 총 12편의 르포르타주를 연재했다. 연재 기사는 지면에 게재되었을 때 이미 주목을 받았으나 1947년 늦봄에 『독일의 가을』이라는 제목으로 출판되었을 때 비로소 큰 성공을 거두었다.

독일 취재 전인 1946년 9월 초에 이미 『엑스프레센』과 계열사 관계에 있던 보니에르 출판사가 단행본 출판 계약서를 다게르만에 보냈는데, 그의 두 번째 장편소설 『심판받은 사람들의 섬』이 나왔던 누슈테트 출판사 역시 연재 기사를 묶어 책을 내고자 했다. 다게르만은 연재가 끝나기 전인 1947년 3월에 누슈테트와 계약하기로 결정했다. 반양장본으로만 출간된 『독일의 가을』은 초판 발간 후 비교적 빨리 재판된 다게르만의 첫 번째 책이었다. 초판 2,700부는 1947년 5월 9일 발간되었고, 7월 초에 재판 1,557부가 인쇄되었다.

『독일의 가을』에는 『엑스프레센』 연재 기사 12편 중 11편과 새로 실린 글 2편이 수록되었다. 첫 번째 기사였던 「'독일에 더는 있을 수 없어요.' 사화산(死火山) 같은 나라(In Deutschland ist nix mehr los. Landet är som en slocknad vulkan)」(1947. 12. 26)는 수록되지 않았다.

『독일의 가을』에서 다게르만은 기자로 변장한 작가이다. 그의 집필 방식은 기자의 것이지만 일반적인 르포르타주와는 확연한 차이를 만드는 요소인 감각적 인상을 글에 녹여내는 것이 바로 작가의 능력이라 할 수 있다. 정치적으로는 아웃사이더였으며 모든 것을 의심하는 예술가의 천성을 지닌 다게르만은 독일에 대한 지배적인 통념을 깨뜨리기 위해 최선을 다했다. 다게르만이 서술하는 독일의 현실 속 사건은 자주 독일이나 독일인에 대한 독일 바깥의 통념을 상정하는데, 개별적 존재로서의 개인이나 이해가 어렵지 않은 삶의 에피소드를 바탕으로 하는 구체적인 사건을 서술하면서 그 통념이 얼마나 불충분한 것인지를 보여준다. 예컨대 그는 함부르크의 폭격당한 지하실을 뒤져 민주주의에 대한 지하생활자들의 견해를 묻고는, 미군 지프를 타고 언론인 전용 호텔로 가서 '독일에 살아 있는 나치즘'이라는 주제로 분노의 보도 기사를 쓰는 외국 언론인들을 경멸조로 그리면서, 전쟁에서 승리한 민주주의의 선의에 대한 불신을 나타내는 발언이 바로 함부르크의 폐허 속 지하실이라는 실제 공간에서 이뤄졌음을 강조했다. 독일의 절망과 고통에 공감하는 글들에서 그는 통념에 기대는 일방적인 비난을 독일에 가해봤자 전후 독일의 진정한 재건에는 아무런 효과가 없음을 입증하는 것이다.

따라서 글 전체의 구조와 언어는 1946년 가을 독일에서의 삶을 점령국의 편을 들거나 독일인들을 향한 비난에 가담하지 않고 서술한다는 다게르만의 목적에 이바지했다. 무엇보다도 다게르만의 서술은 독일인들이 전쟁의 책임에 따른 처벌을 받아야 하는 호전적인 종족임을 역설하는 당대 주류의 시각과는 달랐다. 그의 연재 기사는 특히 인본주의적이자 비주류적이라는 점에서 독보적인 자리를 차지할 수 있었다.

다게르만이 돌아본 독일은 낙엽의 계절이었다. 비 내리는 전후 독일의 가을에는 비통함의 거센 바람이 불고 있었다. 점령지역에서의 경험은 과거 청산을 통한 새로운 민주주의 체제의 발아가 아니라 단절되지 못한 과거와 부조리 속에서의 고통에 대한 것이었다. 이 스웨덴 이방인은 독일인들의 무기력, 자기 연민, 실의와 마주했고, 옛 나치 기득권자들의 여전한 권세와 나치에 동조했던 소시민들의 자기 합리화 그리고 독재와 전쟁에 부당하게 희생당한 사람들의 고통을 두 눈으로 똑똑히 보게 되었다.

『공중전과 문학』에서 이 책을 인용하기도 했던 독일 작가 W. G. 제발트의 말을 빌자면 다게르만의 주제는 '죄인의 고통'이다. 이는 그에게 도덕적, 문학적 문제를 모두 제시하는 주제이다. 만일 독일인들의 고통이 전쟁의 결과라면, 우리는 얼마나 그에 대한 연민을 지녀야 하는가? 그리고 주어진 상황에서 그 고통에 대해 어떻게 글을 써야 하는가? 지하실에 들어간 다게르만 앞에는 발목 깊이까지 들어찬 물에 서서 아이들을 먹이려고 감자를 요리하는 독일인이 있었는데, 즉 잠재적인 나치 또는 나치 동조자일 수 있으며, 적어도 대부분이 전쟁에 대해 집단적으로 책임을 지고 있는 국가적 집단의 일원일 사람이 있었다. 다게르만은 그 사실을 염두에 두고 글을 써야 했을 것인데, 그 사람의 고통에 대한 다게르만의 연민은 그래야 마땅할 수도 있으리라는 통념에 희석되는 것이 옳은가? 다게르만은 죄의식과 보복의 맥락에서 자신에게 보이는 것을 설명해야 하는가, 아니면 지하실에 남아 그곳에 서 있는 느낌이 어떤지를 알려야 하는가?

분명히 독일에는 죄를 지은 사람들이 있으며, 그들이 자신들의 범죄에 책임을 져야 한다는 것은 자명했다. 그러나 집단에 대한 일방적인 책임 전가와 집단적 고통의 정당화는 다게르만에게 정의일 수 없었다. 따라서 그는 물에 잠긴 지하실에 남아서는 아이들을 학교가 아직 열지도 않은 아침 일찍 내보낼 수밖에 없는 '비정한' 독일 부모들을 만나는 것을 선택했다. '일련의 구체적 사건들과 물리적 상황'의 총체적 실제 공간인 지하실에서 전후 패전국의 현실과 진실이 그려질 수 있었기 때문이다.

이같이 실제를 왜곡하는 과장이나 섣부른 감상의 여지가 없는 명료한 태도로 눈앞에서 진행 중인 역사를 그리려던 다게르만은, 승자의 정의 구현을 최우선으로 상정한 다음 독일을 보는 주류의 통념이나 동시대의 다른 르포르타주와는 반대로, 먼저 현실을 있는 그대로 재현하며 진실을 서술하려고 했다. 그는 이를 통해서만이 승자의 정의 구현 여부에 대해 명확히 판단할 수 있다고 여겼던 것 같다.

이차세계대전이 끝난 후 밝혀진 독재와 전쟁 세력의 범죄는 상상을 초월할 정도로 컸기에 이에 대한 집단적 응

징의 필요성과 정당성이 사방에서 힘을 얻었다. 그럼에도 불구하고 성급한 보복주의에 동참하기를 거부하며 우선 독일의 현실을 직접 경험했던 다게르만은, 결코 승자와 패자 모두에게 정당화될 수 없는 전쟁과 전후의 비인도적 행위, 그로 인한 고통의 실상을 그 속에 뛰어들어 인본주의의 차원에서 기록하며 역사의 교훈을 전파하려 했다. 그는 그러한 시도가 문학의 사명이라고 생각한 작가였다.

이 책이 세상에 나온 지 칠십사 년 만에 한국어판이 발간될 수 있게 최선을 다한 미행이 없었다면 이 책은 앞으로도 오랫동안 소개되지 못했을 것이다. 출간 예정 소식을 듣고 서문과 해설로 멀리서 과분한 성원을 보내며 무게를 더해준 미국의 로 다게르만과 노르웨이의 박노자 선생, 번역 과정에서 중요한 길잡이가 되어준 독일어판, 영어판, 이탈리아어판, 프랑스어판의 번역가 파울 베르프, 로빈 풀턴 맥퍼슨, 마시모 차라볼로, 필리프 부케, 한국어판 번역 출간 지원을 결정한 스웨덴예술위원회, 그리고 이 책이 반듯한 모습으로 독자들을 만날 수 있도록 힘썼을 모든 출판산업 노동자와 서점 종사자에게 진심으로 감사드리며, 또한 독자 제위의 관심과 질정을 마음 깊이 바란다. 스웨덴의 대표적인 다게르만 연구자 한스 산드베리와 카린 팔름크비스트의 탁월한 연구 성과에 적잖은 빚을 졌음도 밝힌다. 공은 모두 위에 언급된 모든 이들의 몫이며, 과는 온전히 옮긴이의 것이다.

2021년 10월
이유진

편집 후기

 스웨덴 문학에 특별한 관심이 있어서 이 책을 기획하게 된 건 아니다. 나는 스웨덴 문학이 뭔지 잘 모른다. 스웨덴 문학에서 아예 스웨덴으로 범위를 넓혀도 노벨문학상과 복지국가, 영화 〈렛 미 인〉 정도가 내 앎의 전부일 것이다. 그럼 왜 스웨덴 문학일까? 책 만드는 일을 하다 보니 헝가리, 포르투갈 문학에 연이 닿게 되고 그러다 스웨덴까지 가게 되었다고만 해두자.

 어쩌다 스웨덴에서 유명한 작가들을 알아보자 하다가 눈에 들어온 작가가 바로 스티그 다게르만이다. 카프카와 포크너의 영향을 받은 작가라는 수식이 단연 돋보였는데 노벨문학상 수상자 르 클레지오가 스티그 다게르만 상을 받았단다. 작가 이름을 딴 상이 있을 정도면 정말 유명한가 보군. 그러나 지리적인 거리감 때문인지 아시아에서 그는 무명 작가(?)였다. 국내에는 오래전 그의 단편이 한둘 소개되었을 뿐이고 그마저도 지금은 흔적을 찾기 어렵다.

우리가 잘 아는 작가 아무개의 작품은 국내에 번역본만 열 개가 넘는다. 취향대로 골라 읽으라는 친절한 출판사들. 그러나 다게르만은 변변한 책 하나가 없다. 읽고 싶어도 읽을 책이 없다. 그의 작품이 스웨덴과 우리의 문화적 심정적 격차로 공감하기 어려운 말들을 쏟아내고 있다면 조금은 납득은 될 것이지만 그렇지도 않다. 참 이상도 하지. 전쟁으로 폐허가 된 먼 독일에서 왜 우리가 아는 얼굴이 자꾸 목격되는 걸까.

미지의 작가를 소개하는 데엔 위험이 따른다. 작가 이름만 보고 선뜻 구매할 독자도 없고, 낯선 작가의 작품에 관심이 있는 독자도 거의 없다. 출판사 입장에서는 난처한 일이다. 그래도 이 책을 내놓는다. 스티그 다게르만 아닌가? 이 책을 통해 그의 글을 읽는 분들은, 이 물음의 충분함을 이미 공유했으리라. 글을 짜여진 순서대로 처음부터 읽어도 좋고, 랜덤으로 읽어도 좋다. 운이 좋으면 히든 트랙 같은 재미를 발견할 수도 있다. 다게르만의 딸 로 다게르만의 글과 박노자 교수의 날카로운 시선을 선보일 수 있어서 기쁘다. 무엇보다 스티그 다게르만은 첫 한국어 단행본을 갖게 되었다. 축하해, 다게르만.

미행에서 만든 책들

1	소설	마르셀 프루스트	최미경	**쾌락과 나날**
2	시	조르주 바타유	권지현	**아르캉젤리크**
3	소설	유리 올레샤	김성일	**리옴빠**
4	시	월리스 스티븐스	정하연	**하모니엄**
5	소설	나카지마 아쓰시	박은정	**빛과 바람과 꿈**
6	시	요제프 어틸러	진경애	**너무 아프다**
7	시	플로르벨라 이스팡카	김지은	**누구의 것도 아닌 나**
8	소설	카트린 퀴세	권지현	**데이비드 호크니의 인생**
9	르포	스티그 다게르만	이유진	**독일의 가을**

스티그 다게르만(Stig Dagerman, 1923-1954)은 1923년 스웨덴 중부의 소도시 엘브칼레뷔에서 태어났다. 십대 초반부터 아나키즘과 생디칼리슴 운동에 참여하며 관련 매체에 글을 쓰다 1945년 군 복무 경험을 배경으로 쓴 장편소설 『뱀(Ormen)』으로 스웨덴 문단의 미래라는 격찬을 받으며 데뷔했다. 그 후 1949년까지 장편소설 3권, 단편소설집 1권과 르포르타주 1권을 내면서 활발한 작품 활동을 펼쳤으나, 이른 나이의 빠른 성공 이후 생긴 우울증과 절필의 위협에 부딪치게 된다. 다게르만은 이러한 난관을 극복하려 노력했지만 결국 1954년 서른한 살의 나이에 스스로 생을 마감했다. 저서로 『뱀』(1945), 『심판받은 사람들의 섬(De dömdas ö)』(1946), 『불에 덴 아이(Bränt barn)』(1948), 『결혼식의 불안(Bröllopsbesvär)』(1949), 르포르타주 『독일의 가을(Tysk höst)』(1947), 단편소설집 『밤의 놀이(Nattens lekar)』(1947), 사후에 발간된 시사 풍자 시집 『일간 연재시(Dagsedlar)』(1954), 단편소설, 시, 에세이를 엮은 유고집 『위로를 향한 우리의 욕구(Vårt behov av tröst)』(1955)가 있고 희곡 「마르트의 그림자(Skuggan av Mart)」(1948)가 있다.

옮긴이 이유진은 한국외국어대학교 대학원 영어영문학과와 스웨덴 스톡홀름대학교 문화미학과에서 문학석사 과정을 마쳤다. 노르웨이, 덴마크, 스웨덴의 문학작품을 우리말로 옮기고 있다. 옮긴 책으로 토베 얀손의 『작은 무민 가족과 대홍수』, 『혜성이 다가온다』, 『마법사의 잃어버린 모자』, 『보이지 않는 아이』 등이 있다.

독일의 가을
1946년, 전후 독일의 현장 취재기

스티그 다게르만
이유진 옮김 | 박노자 해설

초판 1쇄 발행
2021년 10월 31일

전화
070-4045-7249

펴낸곳
미행

메일
mihaenghouse@gmail.com

출판등록
제2020-000047호

인쇄 제책
영신사

ISBN 979-11-92004-00-6 03900

SWEDISH ARTS COUNCIL
이 책은 스웨덴예술위원회(Swedish Arts Council)의 번역지원을 받아 출간되었습니다.